INVENTAIRE
13346

DE

L'ENSEIGNEMENT DES BEAUX-ARTS

ÉTVDES SVR LES BEAVX-ARTS

DE L'ENSEIGNEMENT DES

BEAVX-ARTS

AU POINT DE VUE DE LEUR APPLICATION

A L'INDVSTRIE LYONNAISE

par

LÉON CHARVET

ARCHITECTE

Professeur du cours spécial d'ornementation à l'Ecole impériale
des Beaux-Arts de Lyon.

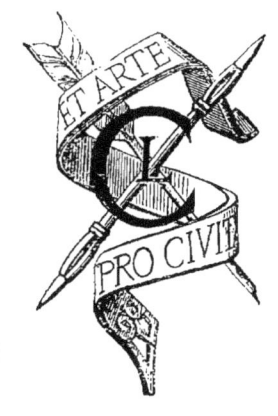

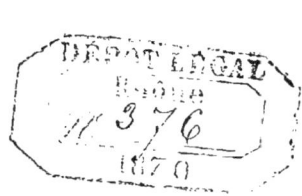

LYON

IMPRIMERIE D'AIMÉ VINGTRINIER

Rue Belle-Cordière, 14

M DCCC LXX.

Tiré à 200 exemplaires

Table des Matières

	Avant-propos............................	1
	Chapitre Ier. *De l'état de l'industrie à Lyon*	3
	Chapitre II, *Fabricants, Dessinateurs, Contre-Maîtres, Ouvriers et Apprentis*	17
	Chapitre III. *Établissements et écoles de la ville de Lyon, destinés à l'enseignement et à l'encouragement des beaux-arts* ...	27
1°	Le musée d'art et d'industrie............................	28
2°	Bibliothèque du Palais des Beaux-Arts	33
3°	Société des Amis-des-Arts...........................	34
4°	Société d'instruction primaire du Rhône................	36
5°	Société d'enseignement professionnel...................	38
6°	Ecole des sciences et arts industriels de la Martinière	39
7°	Ecole impériale des Beaux-Arts.......................	42
8°	Ecole centrale Lyonnaise............................	60
	Tableaux du travail des élèves de ces établissements..........	61

Chapitre IV, *Méthodes d'enseignement*		65
1º	Enseignement du dessin en général	66
2º	De la différence à faire entre le tracé et le dessin géométrique	69
3º	Du dessin comme résultat et comme moyen	73
4º	Le dessin de l'ornementation est indispensable à toutes les spécialités des Beaux-Arts	74
5º	De l'enseignement des divers styles	79
6º	De la composition	82
7º	De ce que l'on doit entendre par ornement et par ornementation	87
8º	Du dessin exécuté de mémoire	88
9º	Ecueil d'une application industrielle trop pratique	88
10º	Du temps à consacrer à l'étude des arts du dessin	89
11º	De la part qui reste aux parents dans l'instruction	92
12º	Quels sont les arts industriels qu'il convient d'enseigner aux femmes	94
13º	Des récompenses	95
	Chapitre V. *Ce qui reste à faire*	97
1º	Modèles et matériel des écoles	98
2º	Faciliter l'étude du dessin aux enfants des familles peu aisées	100
3º	Conférences	101
4º	Coordination à établir entre les établissements	102
5º	Edifices consacrés aux établissements d'art et d'industrie	105
6º	Société des Beaux-Arts appliqués à l'industrie	112
	Conclusion	113

FIN DE LA TABLE.

AVANT-PROPOS

« Le grand but que l'on doit se proposer d'atteindre par le premier enseignement du dessin, c'est de donner sur les arts des idées saines à toute la jeunesse française, c'est de chercher à lui faire connaître, à titre d'exemples, les ouvrages des grands maîtres et de préparer, sur un fond d'idées commun à toutes les classes, l'épanouissement d'un goût public dans notre pays (1). »

Attaché par goût et par devoir à une partie de la mis-

---

(1) *Idée générale d'un enseignement élémentaire des beaux-arts appliqués à l'industrie, à propos de l'exposition des écoles de dessin,* par M. Guillaume, statuaire, membre de l'Institut, directeur de l'Ecole impériale et spéciale des Beaux-Arts de Paris (*Le beau dans l'utile*, 1866, page 438).

sion que définit si bien l'artiste, le maître excellent que nous venons de citer, nous avons cru que constater ce qui a été fait et examiner ce qu'il reste à faire, ce serait tracer au moins la voie que nous devons suivre pour notre compte.

Nous savons que la question est difficile à traiter, que nous risquons de froisser quelques individualités et que le vrai n'est pas toujours écouté sans impatience ; mais, bien déterminé à rester dans le domaine des faits et surtout à conserver une juste mesure, nous espérons que nos recherches et nos avis seront couronnés de quelques résultats.

DE L'ENSEIGNEMENT DES BEAUX-ARTS

AU POINT DE VUE

DE LEUR APPLICATION A L'INDUSTRIE LYONNAISE

CHAPITRE Ier

Etat de l'industrie à Lyon.

Depuis longtemps (2) Lyon est averti qu'il aura à compter désormais avec la concurrence étrangère, et, malgré cela, il doit constater avec effroi qu'il est sur la voie du déclin. Depuis les expositions universelles de 1851 et 1855, des progrès immenses ont eu lieu dans toute l'Europe et l'avance que nous avions prise a diminué ; elle tend même à s'effacer.

« Au milieu des succès obtenus par nos fabricants, c'est un devoir pour nous de leur rappeler qu'une défaite est possible, qu'elle serait même à prévoir dans un avenir peu éloigné,

---

(2) « Les succès que nos rivaux lisent dans l'avenir leur donnent autant de courage que les avantages du présent inspirent à d'autres une dangereuse sécurité (Discours de M. Tabareau à l'ouverture de l'Ecole de la Martinière, le 29 juin 1826). »

si, dès à présent, ils ne faisaient pas tous leurs efforts pour conserver une suprématie qu'on ne garde qu'à la condition de se perfectionner sans cesse (3). »

Ces lignes ont été sans doute déjà lues avec quelque impatience, et, rejetant sur les *caprices* de la mode l'abandon de ce qu'on nomme à Lyon, le *façonné*, on va nous faire observer que tout vient de là, et qu'avec un retour probable du goût à ce genre de fabrication, notre ville pourra lutter encore avec succès contre l'Europe et reprendre une activité florissante.

Il nous en coûte de combattre cette illusion généralement répandue dans notre ville et même chez les hommes les plus considérables. Le façonné pour robes est tombé parce qu'il avait fait son temps et il ne nous reviendra pas encore, parce qu'on n'a pas suffisamment cherché à mettre le dessin de ces tissus en rapport avec l'état social auquel tend notre époque et avec la science actuelle de l'ornementation, et, ensuite parce que, s'il revient à la mode, d'autres centres manufacturiers que le nôtre nous feront une concurrence redoutable.

Expliquons-nous, la mode a abandonné les tissus pour deux motifs :

Le premier est que notre civilisation tend à tout démocratiser. L'éclatante robe de façonné a disparu en même temps que la robe d'indienne a été abandonnée pour la laine (4); les tissus

---

(3) Rapport du comte de Laborde à l'Exposition de 1851 (T. VIII, p. 382). On doit consulter : *De l'influence des beaux arts sur l'industrie lyonnaise*, discours de réception à l'Académie de Lyon, lu par Saint-Jean, dans la séance publique du 24 juin 1856. Cet artiste distingué, et si autorisé à parler sur ces questions, trouvait que les beaux arts n'étaient pas assez encouragés à Lyon. « Ne nous réjouissons donc pas trop de nos avantages. » ajoutait-il, « songeons à nous prémunir contre les dangers de l'avenir et voyons ce qui se passe près de nous. »

(4) «..... L'indienne n'est pas la seule industrie qui ait eu à souffrir. La soie elle-même a passé par une crise semblable. Il y a quelques années vous vous rappelez les plaintes de Lyon, quand la mode délaissa les tissus façonnés et brochés, pour les tissus unis. En vain essaya-t-on de réagir : en

destinés au peuple tendent à s'améliorer, tandis que ceux du riche se simplifient. Il faut désormais pour les vêtements des femmes des nuances calmes et des dispositions simples qui se rapprochent de celles des habits des hommes. En vain les coquettes pousseront aux couleurs éclatantes, aux bigarrures de dessin et aux coupes bizarres, toujours la femme riche qui a le sentiment du bon goût et de la vraie élégance, et celle qui, moins fortunée, ne possède pas de voiture pour abriter de chatoyants jupons, préféreront les étoffes qui n'appelleront pas trop les regards.

Le second motif est qu'un emploi exclusif du règne végétal dans la décoration des étoffes a empêché aux dessinateurs lyonnais d'étudier, même un peu, les autres systèmes d'ornementation. Ce fut l'erreur de ceux qui dirigèrent l'enseignement des beaux-arts appliqués à l'industrie, il y a quarante ans.

Nous ne voulons pas faire l'histoire rétrospective de notre dessin de fabrique; cela nous entraînerait hors de notre sujet.

Nous rappellerons seulement que le xviiie siècle nous laissa, au moment de la révolution, un genre d'étoffes pour tentures dans lequel le règne végétal jouait un rôle assez important quoique imprégné fortement du style de l'époque et mélangé encore avec des motifs d'ornementation. Au retour de la tranquillité, ce genre persista, sauf que, sous l'influence de l'école décorative de Percier et de Fontaine, il prit le caractère de ce qu'on nomme le *style Empire ;* les éléments d'ornementation autres que la fleur y subsistent encore, mais vont bientôt en s'effaçant (5). De même qu'en architecture la co-

---

vain les femmes les plus haut placées voulurent-elles donner l'exemple : l'uni l'emporta. Il en est de même aujourd'hui dans la lutte entre les lainages et l'indienne..... (De Forcade la Roquette, Discours prononcé au Corps-Législatif, le 25 janvier 1870). »

(5) Voir au Musée d'art et d'industrie la série des dessins et étoffes de Revel, de De la Salle, de Bony, de Picard, de Berjon, etc....

lonnade suffisait à la décoration de tous les édifices, de même bientôt on appliqua le groupe de fleurs à tout : robes, manteaux de cour, chasubles ou tentures, et ce système était encore plus facilité par l'invention récente du métier à la Jacquard qui permettait les combinaisons les plus compliquées. Cela eut du succès et Lyon y consolida sa réputation et sa fortune.

Mais, nous le demandons à nos contradicteurs les plus acharnés, ce genre seul pouvait-il suffire éternellement aux caprices de la mode, et, avant tout, était-il conforme à la tradition, à l'art et aux mœurs ? Il fit son temps.

En vain les dessinateurs durent se rabattre sur quelques dispositions géométriques ; ils n'avaient plus rien dans la main pour satisfaire au besoin de faire du neuf. Ils cherchèrent fatalement et sans résultat ; le façonné déclina (6).

Ah ! si, munis de fortes études, ils avaient possédé, comme les dessinateurs parisiens, les styles et les combinaisons décoratives de toutes les époques et de tous les pays, s'ils avaient pu employer leurs mains habiles aux arabesques de la Renaissance, aux rinceaux de l'époque ogivale et aux palmes orientales, et puiser à pleines mains dans les motifs fournis par les meubles, l'orfévrerie, les étoffes et les manuscrits, ils eussent certainement fourni aux acheteurs qui affluent sur le marché lyonnais des combinaisons nouvelles d'étoffes qui nous eussent conservé quelques jours de plus la robe de façonné. Mais ils ne pouvaient savoir ce qu'on ne leur avait jamais enseigné et les modèles ne manquaient pas moins que la science.

---

(6) Il y a quelque temps, un artiste de talent, avec lequel nous causions de cette question si importante et qui déplorait la perte du *façonné*, nous faisait remarquer que la mode l'avait abandonné précisément au moment où il avait atteint son apogée comme dimension et comme tour de force de composition et, en même temps, il nous rappelait qu'alors de grands bouquets commençaient au bas de la jupe, pour ne finir, en diminuant qu'à la ceinture ! Quelle femme pouvait oser porter cette étoffe, fût-elle princesse ou reine ?

Cependant à la même époque où ces artistes épuisaient en combinaisons nouvelles la flore ornementale, indifférents aux travaux archéologiques du jour et à la recherche des objets d'art de toutes provenances qui commençaient à devenir à la mode, les Anglais et les Allemands ressuscitaient pour le culte les étoffes et les dispositions des arts des XIIe, XIIIe et XIVe siècles. Avec raison, ces étrangers trouvaient ridicule que la fabrique de Lyon ne sût faire autre chose que des chasubles et des chapes en soie chargées uniquement d'épis, de raisins, de roses ou de coquelicots, dont une croix en galon caractérisait seul l'objet religieux. Nous passons sur les triangles avec le nom de Jéhovah en caractères hébreux ou soi-disant tels, les agneaux pascals et les saint-sacrement brodés en relief qui étaient alors le dernier mot de l'imagination des dessinateurs liturgiques lyonnais.

On s'aperçut que l'on avait fait fausse route et l'on ne rêva plus que niches, pinacles, gables, etc. Dès lors, on abandonna les dessinateurs pour demander aux architectes des dessins de dais et de chapes. Les ornements et meubles religieux devinrent de véritables ouvrages d'architecture ; plus on avait entassé de statuettes, de clochetons et de combinaisons prismatiques et baroques, plus on croyait avoir saisi le véritable caractère religieux. Vains efforts, les architectes, aussi impuissants que les dessinateurs, faute de renseignements et d'études convenables, furent également insuffisants. Depuis on est ballotté entre l'imitation servile des étoffes anciennes et les tentatives de décoration néo-religieuse.

Si nous passons à l'étoffe pour ameublements, nous trouvons la même pénurie de dessins. Le fabricant actuel se borne à acheter les étoffes des siècles passés et s'efforce de les reproduire, même avec leurs tons fanés ; il n'a pu aller plus loin, faute de quoi ? de dessinateurs exercés dans tous les genres ! Et il va frapper aux cabinets parisiens.

Qu'on ne nous oppose donc plus les fantaisies de la mode. La mode, elle a raison ; elle fait de la démocratie d'abord, puis, comme les arts, de l'éclectisme. Fournissez-lui des robes de bon goût et peu voyantes, dont les dispositions seront puisées dans le genre qui lui conviendra, quel qu'il soit, pourvu qu'il soit original et pas trop éclatant : chinois, persan, Renaissance ou Louis XVI : elle vous rendra sa faveur (7), à moins que d'autres ne la sollicitent alors mieux que vous.

Marchons donc sur les traces des arts anciens, et dépassons, en les interprétant à la moderne, les étoffes liturgiques et les tentures des siècles passés, et le *grand façonné* pour tentures et ornements d'église, pour lequel nous sommes si bien outillés, nous restera ; car il nous appartient encore, grâce aux efforts de quelques maisons intelligentes qui savent faire de l'archéologie et du style.

Nous espérons que nos lecteurs nous ont compris, et qu'ils abandonneront leur chauvinisme local. Leurs yeux, dessillés, verront clairement qu'une confiance trop persistante en la flore ornementale et en nos succès passés leur a empêché de regarder chez les voisins. Non pas que nous déconseillions l'étude de cet élément si gracieux et si fertile de toute décoration. *L'enseignement lyonnais de la fleur a été, est et doit rester l'objet d'une constante sollicitude.* Placée avec réserve et convenance, encadrée comme il convient et alliée quelquefois à la nature morte et au paysage, la fleur est le motif des plus heureuses dispositions dans l'ornementation des objets usuels. Elle régnera toujours dans les tissus et dans l'industrie du papier peint, où ses combinaisons sont mieux à leur place et moins coûteuses que dans l'étoffe.

Après avoir examiné le dessin pour les tissus, il convient d'étudier les autres industries, à peu près dénuées d'encouragements, et qui, cependant, ont pris, dans notre ville, depuis trente ans, une certaine importance.

(7) Voyez à l'égard de l'ornementation des étoffes à l'aide de la fleur, l'excellent article de M. Jacob Falke : *Des productions de l'industrie artistique actuelle chez les nations modernes, aperçu comparatif (Magasin des arts et de l'industrie,* février 1870, pages 114 et 115).

La fonte de fer d'ornementation occupe plusieurs maisons dont le siége est à Lyon. Ayons le courage de leur dire qu'elles ne lutteront avec avantage contre les forges de la Haute-Marne qu'en améliorant leurs modèles, et surtout en perfectionnant leurs procédés et leurs qualités de fonte.

Cette industrie, outre son côté métallurgique, réclame trois sortes de coopérateurs :

1° Des mouleurs. Ces ouvriers n'ont pas besoin d'être des artistes ; cependant, on admettra avec nous que s'ils connaissaient mieux le modelage et la sculpture, ils prendraient plus d'intérêt au moulage des objets qui passent par leurs mains, et par conséquent en soigneraient mieux l'exécution.

2° Des modeleurs. Nous entendons par là ceux qui préparent les modèles en bois et plâtre destinés à faire les creux. Ceux-ci doivent être des artistes : il y en a de véritables dans quelques usines.

3° Des dessinateurs. Ici, nous ne trouvons rien ; nous voyons même que trop souvent les modeleurs sont les dessinateurs. Non pas qu'il y ait inconvénient à cela, et bien au contraire ; c'est ce qu'il faut obtenir comme règle générale.

Comment les choses se passent-elles ? Ou la maison offre de fournir d'après des modèles existants représentés dans un album *ad-hoc* (et trop souvent ces modèles n'existent que sur le papier de l'album), ou elle fabrique en commande d'après dessin. Dans ce dernier cas, le client fait les frais du modèle, et s'il ne donne pas une commande importante, il paie cher, et ce n'est que juste.

Il arrive donc que le consommateur se trouve entre l'ennui de prendre un modèle qui ne lui convient pas, ou de payer plus cher qu'il ne veut pour avoir ce qu'il lui faut.

Des études suffisantes, un aperçu des véritables besoins de l'architecture, qui consomme passablement de rampes, balcons, de colonnes, de vases et de grilles, permettraient aux modeleurs de ne remplir les albums de leurs patrons que de modèles bien compris, ne laissant que l'hésitation à choisir parmi les bons, au lieu de l'état actuel qui repousse un choix quelconque.

Quelques maisons de France ont marché dans cette voie : les Durenne, les Ducel, les Barbezat, les Hochard.

Il faudrait acclimater à Lyon la fonte et la ferronnerie d'ornement pour les édifices religieux ; des maisons anglaises nous ont montré la voie (8). On va bien vite nous objecter que, précisément, une maison a entrepris cette spécialité et qu'elle a abouti à une déconfiture, bien qu'elle y eût joint une spécialité excessivement intéressante et nouvelle. La chute de cette entreprise a tenu à des causes indépendantes de son industrie et que nous n'avons pas à signaler; de plus, ses fontes étaient anciennes et d'un genre absurde et discrédité. Il ne faut pas fabriquer de la fonte pour remplacer le bois ou la pierre ; c'est pitié de vouloir ainsi lutter contre des matières de premier ordre. Le métal n'est applicable qu'à certains objets déterminés : statues, croix, pentures, tables de communion, entrées de serrures, boutons, grilles, rampes et même certains chandeliers de grande dimension, et non à des chaires et à des autels.

Mais pour qu'une maison puisse créer des albums de ses produits, il lui faut des dessinateurs, des modeleurs et des ouvriers habiles dans le véritable style religieux. Si l'*Art-Département* (9) en a fourni en Angleterre partout, pourquoi n'en trouverions-nous pas avec nos Ecoles et nos Musées ?

Le bronze se rattache si intimement à la fonte de fer que nous pouvons lui adresser les mêmes reproches et les mêmes conseils. Les maisons qui en font leur spécialité à Lyon sont

---

(8) Hart, Son, Peard et Cº ; Richardson Lade ; etc.

(9) Il est assez difficile de traduire ces mots. Les Anglais entendent par *Art-Département*, une administration chargée de répandre et d'encourager les beaux-arts dans toute la Grande Bretagne. Voyez l'article de M. Allard sur cette organisation (*Gazette des Beaux Arts*, t. 23). Nos lecteurs voudront bien, en conséquence, nous excuser d'avoir maintenu ces mots anglais que nous n'aurions pu remplacer que par une périphrase un peu trop longue.

nombreuses, intelligentes et bien organisées ; elles pourront lutter avec Paris et lui disputer le marché pour le midi de la France si elles font encore une plus grande part au style et à l'archéologie.

L'orfévrerie religieuse possède en ce moment à Lyon un maître dans le genre, nous n'avons qu'à proclamer ses glorieux succès ; nous ne lui souhaitons pas de la concurrence, nous croyons que lui et ceux qui l'imiteront pourront arriver à faire à notre ville dans ce genre de fabrication une réputation égale à celle dont jouit notre fabrication d'étoffes en soie.

Aux industries de l'orfévrerie de la fonte et du bronze, se lie l'instruction des ouvriers ciseleurs. De fortes études en dessin d'ornementation, en modelage et en sculpture, ne peuvent que contribuer à augmenter leur goût et leur habileté.

Nous avons plus haut signalé l'importance incontestable de la fleur dans l'industrie du papier peint. Cette fabrication existe dans nos localités et si cette ornementation lui était appliquée exclusivement à toute autre, elle la conduirait, comme elle a fait pour l'étoffe, à lasser les consommateurs. La lutte avec Paris est difficile ; aussi les chefs de cette industrie, renonçant, peut-être à tort, à s'y engager, se restreignent au papier bon marché où la fleur joue un rôle facile quand on ne se borne pas tout simplement à imiter, sur la limite de la contrefaçon, les papiers parisiens. Les siècles qui nous ont précédés posaient leur caractère spécial, qu'on nomme style, dans leurs productions les plus vulgaires, à ce point que nous les distinguons sans peine et fixons leur date sans sourciller ; de même, notre époque pourrait appliquer son sceau au papier peint, objet d'une consommation journalière et par conséquent d'une production bien plus considérable que ceux du luxe ; nous voudrions que ce sceau artistique fût l'empreinte du simple et du beau et qu'il se trouvât même sur les papiers à 40 centimes le rouleau. Cela ne vaudrait-il pas mieux que cette imagerie triviale ou que les bouquets de couleurs hétéroclites qui inondent les campagnes !

Les expositions de cristaux français, quoi qu'on en dise, ont indiqué que cette industrie n'a pas dit encore son dernier mot. Notre ville possède un établissement dans ce genre qui pourrait se développer encore plus s'il améliorait ses formes dans un sens plus artistique. Le cristal ne doit pas, à notre avis, essayer de devenir sculpture ; aussitôt que ses formes se compliquent, il miroite tellement qu'il fatigue la vue. Des formes correctes et simples sont bien préférables aux accumulations de prismes. Il nous semble que, si on utilisait l'adresse de nos tailleurs de cristaux à la meule, en les dirigeant non vers les gravures de fleurs, d'animaux et d'arbres, qui font le succès de manufactures étrangères, mais dans le sens d'une ornementation puisée dans les styles des XVIe, XVIIe et XVIIIe siècles, en les traitant avec des dessus ou des dessous en verres colorés, on créerait un genre nouveau susceptible de succès pour les coupes, vases, flambeaux, bobèches et même pour quelques services de table.

Il existait près de Lyon deux fabriques de faïence. L'une s'est arrêtée après des essais infructueux ; l'autre, qui a essayé de la porcelaine sans résultat avantageux, ne fait plus que de la faïence ordinaire. Encourager d'une manière quelconque ces usines dans la voie artistique, ce serait, si nous ne nous trompons, implanter dans notre pays une industrie pour laquelle Limoges a créé spécialement une école libre de beaux-arts et un musée céramique.

La fabrication du meuble a une certaine importance à Lyon, et possède, à défaut d'élégance, une certaine renommée de solidité.

Si, au lieu de se mettre à la remorque de Paris en copiant bien ou mal les modèles qu'on y achète de ci et de là, cette industrie, qui est relativement récente, cherchait réellement à créer, elle prendrait un développement naturel. La vie est plus coûteuse à Paris qu'à Lyon, et, à cette différence viennent s'ajouter les frais de transport et de commission. Nos ouvriers pourraient donc faire aussi bien à meilleur marché, puis mieux à prix égal.

Notons encore quelques industries qui se rattachent aux beaux-arts et qui ont une certaine importance dans notre ville.

La lithographie et la gravure pour les vignettes, prospectus et albums d'échantillons ;

les mosaïques en verres et en marbres de couleur ;

le carton pâte pour la décoration des appartements ;

la fabrication des cadres de glaces et de tableaux ;

la lampisterie et les appareils à gaz ;

la bijouterie et la joaillerie ;

la fabrication des menus objets du culte, crédences, expositions, statuettes, et chemins de croix ;

les vitraux d'églises et d'appartements ;

la broderie de toutes sortes et la passementerie ;

les fleurs artificielles ;

le zinc, le cuivre et le fer repoussés ou estampés ;

la reliure ;

la gravure et la frappe des croix et des médailles.

Tous les ouvriers de ces genres divers s'élèveraient au rang d'artistes par de bonnes études préliminaires qui augmenteraient leur habileté et assureraient leur fortune.

Nous avons réservé pour la fin de ce chapitre l'examen de ce qu'on appelle, en général, *la décoration*.

Les peintres-décorateurs sont de deux sortes : ceux qui, plus spécialement, font de la peinture décorative dans les édifices, et ceux qui brossent les décorations théâtrales.

A vrai dire, les artistes qui ont pratiqué cet art dans notre ville n'ont jamais été nombreux, et ceux de la seconde catégorie ne peuvent guère se multiplier.

Les premiers représentent l'application de l'art décoratif pris dans son côté le plus élevé. Cependant, le prix considérable de ces ouvrages influe malheureusement sur leur extension.

Que le propriétaire qui doit louer son immeuble se refuse, et avec raison, à revêtir les parois, hormis celles du passage d'entrée, avec des peintures décoratives qu'il faudra détruire à chaque aménagement nouveau, nous le comprenons ; mais celui qui habite son hôtel ou sa villa marchande à tort le prix de revient d'un décor original en peinture comparé à celui exécuté en papier peint; car, souvent, la somme employée à certains papiers veloutés posés sur doublage avec renfort de champs et baguettes dorées, permettrait d'avoir un décor original, bien plus durable, exécuté sur le mur par un artiste consciencieux.

Quoi qu'il en soit, c'est là un art difficile qui nécessite des études complètes, la connaissance de l'architecture et des styles, et qui pourrait occuper un certain nombre d'artistes soit comme maîtres, soit comme exécutants.

La décoration théâtrale offre moins d'intérêt parce que les travaux y sont rares et comme exceptionnels. Paris est, sur ce terrain, la seule ville où il y ait quelques ouvrages importants, soit pour les théâtres, soit pour les fêtes publiques ; il peut donc paraître moins utile de se préoccuper de l'enseignement de cet art. Rappelons seulement qu'il nécessite des connaissances très-étendues en perspective et qu'il embrasse tous les côtés de l'art : architecture, figure, paysage, ornementation, fleur et nature morte.

Néanmoins, les peintres qui se livrent à la décoration des édifices feraient bien de s'initier à ces difficultés; cela leur permettrait, au besoin, de percer à jour certains panneaux de remplissage par des perspectives d'architecture et de paysage ainsi que l'ont fait quelques artistes du xviie siècle.

Pourquoi, aussi, ne considèrerions-nous pas comme une application de l'art industriel le dessin de machines? Est-il impossible de les concilier l'un avec l'autre? « Mais la construction des machines repose, comme l'architecture, sur l'emploi des formes géométriques. Si ces formes, en rapport avec une impérieuse destination, ne sont pas indépendantes, et si l'idée qui s'en dégage est obscure, l'architecture cependant fournit l'exemple qu'elles peuvent être perfectionnées d'après les lois de l'art. Les machines, dans leur masse et dans leur aspect, possèdent déjà l'un des caractères de la beauté, qui est la puissance. Des études d'art aideront les ingénieurs à les parer d'une expression plus vive ; l'emploi de matières nouvelles permettra des hardiesses sans précédent; l'avenir, nous l'espérons, nous donnera des artistes mécaniciens (10). »

(10) Discours de M. Guillaume, membre de l'Institut, directeur de l'Ecole spéciale et impériale des Beaux-Arts de Paris, à la distribution des récompenses de l'Exposition de l'Union des arts appliqués à l'industrie en 1869.

CHAPITRE II.

Fabricants, dessinateurs, contre-maîtres, ouvriers et apprentis.

Nous avons souvent entendu qualifier du nom d'*artistes modestes* les dessinateurs de fleur ou de fabrique et les metteurs en carte, auxquels revient cependant une bien grande part du succès de notre industrie. Est-ce que, par hasard, on rangerait dans cette liste Deschamps, Monlong, Ringuet, Courtois (11), Revel (12), de la Salle (13), Bony, Dechazelles (14)

---

(11) Joubert de l'Hiberderie (pages x et xxxix) : *Le dessinateur pour les fabriques d'or, d'argent et de soie*. Paris, Jorry, 1765.

(12) Jean Revel, peintre, élève de Le Brun, né à Paris le 6 août 1684, est mort le 5 décembre 1751, à Lyon, où il s'était fixé depuis 1710.

(13) Philippe de la Salle, né à Seyssel le 23 septembre 1723, est mort à Lyon le 27 février 1804 ; voyez ce que nous avons dit à son égard (*Les de Royers de la Valfenière*, pages 38, 39 et 106).

(14) Pierre Toussaint Dechazelles, né à Lyon en 1751, est mort le 15 décembre 1833.

Bourne, Baraban (15), Rivet (16), Picard, Reignier, Schirmer, Pernet, Fayolle, Romain, Didier-Petit, Meynier (17), pour ne citer que ceux qui ont terminé leur carrière (18)?

On les a payés, dit-on; mais on a confisqué à la plupart ce que les artistes préfèrent : la gloire ! Que les manufacturiers ne l'oublient plus ; ils ne relèveront l'art industriel qu'en plaçant à leur rang véritable ceux qui inspirent les œuvres.

L'Exposition universelle de 1867 a fait un pas dans cette voie ; elle a récompensé les coopérateurs, et elle a institué une classe spéciale (19) pour l'exposition de cette branche agissante et influente, plus qu'on ne veut en convenir, dans les progrès de l'art industriel. Nous avons trouvé cependant que, par suite des préjugés et à cause de la prédominance des manufacturiers dans le jury, les dessinateurs, en général, ont été insuffisamment encouragés.

Le peintre Saint-Jean (20), une de nos illustrations lyonnaises, si bon juge dans la situation, disait, dans son discours de réception à l'Académie de Lyon, le 24 juin 1856 : « Combien il nous a été pénible de voir, après deux expositions si brillantes, à Londres, à Paris, les hommes qui ont le plus contribué à notre gloire par leur génie inventif, par leur savoir et leur goût, ceux dont les créations merveilleuses ont surpassé tout ce qu'on pouvait concevoir, que les dessinateurs si distingués de nos manufactures n'avaient pas été récompensés. Un peu de gloire leur eût donné un élan que nous ne pouvons mesurer et

---

(15) Pierre-Paul Baraban, né à Aubusson en 1767, est mort à Lyon le 1er octobre (septembre ?) 1809.

(16) Rivet est mort le 28 janvier 1803.

(17) Prosper Meynier, né à Orgelet, est mort à Lyon le 10 mai 1867, âgé de 69 ans.

(18) On pourrait faire une longue liste des vivants : Reboul, Ladevèze, Béraud, Combe, Rougier, Oyex, Roux, Moulin, Chabal-Dussurgey, etc.

(19) Classe 8. Application du dessin et de la plastique aux arts usuels.

(20) Simon Saint-Jean, né le 14 octobre 1808, est mort à Lyon le 3 juillet 1860.

aurait montré dans l'avenir un but honorable à ceux qui se distingueront dans cette belle carrière. »

Nous manquons de données précises sur la position et sur la vie des dessinateurs des siècles qui nous ont précédés. Pourtant, les récompenses officielles venaient assez souvent trouver les artistes de notre fabrique. C'est ainsi qu'en 1749, M. Orry, contrôleur général des finances, fit payer à Hugues Simon une gratification de 6,000 livres sur les fonds de la commune; l'année suivante, le même ministre accorda une gratification de 1,200 livres, toujours, bien entendu, sur les fonds de la ville (car l'ancienne monarchie n'en usa jamais autrement à l'égard de Lyon), au sieur Lamy, pour « les services qu'il a rendus à la manufacture de cette ville en élevant et formant des sujets pour les dessins des étoffes (21). »

En 1776, le consulat consentit à l'enregistrement des lettres de noblesse accordées par le roi à Philippe de la Salle (22).

Nous reconnaissons que celui qui joue sa fortune sur une disposition d'étoffe ou sur une création d'objets à vendre a le droit d'imposer sa volonté et de peser lourdement sur celui qui ne fait que du papier colorié. Nous savons que celui qui suit la fluctuation de la mode et le goût des acheteurs peut diriger utilement le style et le genre du dessinateur et qu'ainsi il lui revient une certaine part de la composition, cette part que l'on nomme l'idée.

Que ceux qui sont dans ce cas tiennent la mesure équitablement, c'est un conseil que nous leur donnons, car avec un peu d'honneur ils intéressent autant qu'avec beaucoup d'argent.

C'est, du reste, un côté difficile de la question qui nous occupe et nous n'osons trop insister de crainte de faire fausse route (23).

---

(21) Registres consulaires de Lyon, BB 315 et 316 (M. F. Rolle. *Enlèvement des tableaux du Musée de Lyon*, pages 10 et 11).

(22) Registre BB 345, f° 27 v°, 23 février 1776.

(23) Les dessinateurs de fabrique sont actuellement, à Lyon, d'un nombre

« Tout d'abord, on a voulu rechercher quelles sont les tendances de la production moderne dans l'industrie d'art. Plusieurs de ceux qui les proclament fâcheuses et funestes en attribuent la cause soit à l'ignorance de l'artisan, soit à l'excessive division du travail. Tel ouvrier est employé à une pièce tel autre à celle qui s'y ajuste, sans que le premier ni le second soient capables de concevoir ou d'ajuster l'ensemble. Chacun se voit confiné dans un cercle étroit: aussi le sentiment général de l'œuvre manque à tous ces hommes dont le but est collectif, mais l'effort isolé. L'artisan n'a pas imaginé, il n'a pas esquissé le dessin ; il n'a pas tenu dans ses mains la matière vierge pour la façonner à son gré. On ne peut lui demander de s'éprendre d'amour pour ce qu'il n'a pas conçu ; il se sépare de plus en plus de l'artiste ; il reste l'ouvrier, l'homme du travail manuel, sans style, et, il faut bien le dire, sans idées. Il est préoccupé avant tout du détail, il reste subordonné de tout point au dessinateur, qui ne peut expliquer toute la besogne, et plus encore au fabricant, lequel n'a en vue que ce qui plaît au public et ne songe pas à diriger le goût de la foule... (24). »

Ces lignes nous avaient frappé et précisément parce qu'elles reproduisaient, mieux que nous ne pouvons le faire, notre pensée entière sur la question qui est, comme le dit le même écrivain, « la grande querelle entre les anciens et les modernes. »

Aux siècles derniers, comme en Orient encore, la machine n'était rien ; puis l'ouvrier, — non, l'artisan, — commençait l'objet qu'il devait finir et y imprimait sa personnalité.

A présent, avec l'outillage de notre industrie, un seul dessi-

---

très-restreint et, presque tous, d'un âge mûr ; il ne s'en forme plus et il est à craindre que dans l'avenir ces coopérateurs indispensables ne fassent complètement défaut.

(24) Ch. d'Henriet, *L'art contemporain* (Revue des Deux Mondes, t. LXXXIV, 1ᵉʳ décembre 1869, page 615).

nateur donne de l'ouvrage à mille ouvriers et cette multitude doit, avant tout, suivre la direction qu'on lui imprime.

A cela les uns objectent que nous n'avons pas d'art national et que nous faisons des contrefaçons de tous les siècles, les autres disent qu'il faut faire appel à l'enseignement et nous sommes de ceux-là.

Avec l'enseignement artistique, l'ouvrier, initié aux mouvements des arts et au pourquoi de chaque forme, prendra intérêt à son travail et, tout en restant asservi à la machine qu'il dirige et au modèle absolu qu'il doit suivre, il appliquera mieux son esprit aux améliorations qui pourraient être apportées aussi bien au point de vue de la forme artistique que du procédé de fabrication.

L'ouvrier isolé, produisant péniblement un seul objet, disparaîtra tout à fait; la machine l'a presque annihilé (25). Le règne de l'atelier ne fait que commencer; il n'est même pas encore organisé, puisqu'à tout instant se dressent les questions redoutables de la durée du travail, du marchandage et du salaire!

C'est dans ce but que se sont formées les associations ouvrières connues sous le nom de *trade's unions* en Angleterre et, sous une autre forme, l'*association internationale des travailleurs*, sur le continent.

Peut-on espérer que ces organisations exercent une influence appréciable sur l'intelligence, la moralité et le bien-être des ouvriers? Les partisans du système en vantent les avantages.

---

(25) « La perfection des procédés de fabrication, des moyens mécaniques, fait que les états disparaissent; ainsi qu'il n'y a presque plus d'états individuels, il n'y a plus que des *limeurs*, des *perceurs*, des *tourneurs*, des *poseurs*. L'apprenti n'est entouré que d'ouvriers qui ne savent presque plus leur état..... l'ouvrier pour l'état manuel n'existe presque plus : il est remplacé par ces états qui font tout. Par exemple, à Paris, le *repousseur* repoussera pour le fabricant d'ornements en cuivre aussi bien que pour le bijoutier, et celui-ci n'aura plus dans ses ateliers que des soudeurs pour réunir les pièces fabriquées (Déposition de M. Maurice Maignien à l'enquête sur l'enseignement professionnel). »

Ainsi, disent-ils, les ouvriers gagnent à ces associations une saine et fortifiante discipline, qui trempe les esprits et les âmes, les tire des vulgarités de la vie journalière pour leur ouvrir des horizons infinis.

Nous ne sommes pas de cet avis parce que ces associations ont négligé l'amélioration de la main-d'œuvre et du côté intellectuel du travail, pour ne songer qu'au salaire. Au lieu de s'user en coalitions vaines, ne pourraient-elles pas utiliser leur organisation pour déterminer, elles-mêmes, le temps et les conditions nécessaires pour former l'apprenti et l'ouvrier, et s'imposer, par un pacte réciproque, à ne travailler qu'après avoir justifié des connaissances indispensables pour chaque ouvrage ? Ce serait un moyen radical de supprimer les ouvriers incapables, qui sont, précisément, les plus exigeants, les plus paresseux et les fauteurs habituels du désordre.

Si ces agitations se calment, comme il y a tout lieu de l'espérer, par l'excès même de leur manifestation et par l'expérience désastreuse de leur inutilité, l'ouvrier, voyant que c'est lui-même qu'il faut améliorer, recherchera la nourriture de l'enseignement pour s'élever graduellement et sans secousse, par son art, par ses soins et par ses innovations.

Nous touchons là au genre d'enseignement que nous désirons pour l'ouvrier.

Des personnes dont nous ne pouvons contester le zèle, zèle sous lequel existent quelques velléités de flatterie pour ce qu'on nomme le peuple, s'occupent de l'enseignement professionnel.

Ces personnes ont reconnu que l'ouvrier actuel manque d'instruction et ils cherchent à la lui donner. Qu'elles prennent garde, cependant, à ne pas dépasser le but et à ne former que des contre-maîtres au lieu d'ouvriers. Telle n'est pas, sans doute, leur intention.

Il existe en France, plus que dans aucun autre pays, ne l'oublions pas, un sentiment inné de commander (26).

---

(26) Nous allions écrire *de s'élever au-dessus des autres*, ce qui n'est pas

Dès qu'un ouvrier *croit* en savoir plus que son voisin, il s'estime supérieur et entend devenir son chef. Cela fait de faux contre-maîtres.

La chambre de commerce de Toulouse l'a constaté :

« Ce terrain fécond, où germent et se développent les qualités du contre-maître, du dessinateur et même celles de l'ingénieur, est défavorable à l'ouvrier. Généralement au sortir des écoles (d'arts et métiers), le goût pour le travail manuel fait place, chez les jeunes diplômés, à celui qui les porte de préférence vers le maniement du compas, vers l'exercice d'une direction qu'ils ambitionnent, et l'utilisation de leurs connaissances théoriques. Ils semblent rougir de prendre le marteau ou la lime et rarement on a vu un élève, sorti de ces écoles, rester forgeron, tourneur ou ajusteur dans un grand atelier de construction.

On peut donc dire que si les écoles d'arts et métiers actuelles produisent des ouvriers, ces ouvriers ne restent pas ouvriers. On peut tenir pour certain que ce résultat était inévitable.

En effet, il est en quelque sorte impossible d'admettre qu'un jeune homme qui possédera d'une manière satisfaisante les notions d'arithmétique, de géographie, de dessin graphique, chez lequel un séjour de trois années à l'école aura développé cette instruction et qui se sera perfectionné dans le maniement du crayon, du compas et dans l'emploi de la couleur, ne soit pas invinciblement entraîné, et de préférence, vers l'exercice exclusif de ces connaissances, parce qu'elles ont ouvert un champ vaste et plein d'attrait à son intelligence, parce qu'elles lui donnent la conscience d'une supériorité incontes-

---

la même chose. Nous admettons le talent qui désire percer dans la foule en même temps que nous blâmons l'ambitieux qui veut commander, malgré son insuffisance. « Si quelqu'un vous dit que vous pouvez vous enrichir,» a écrit Franklin, « autrement que par le travail et l'économie, ne l'écoutez pas, c'est un empoisonneur ! »

table sur ce dernier, supériorité qui l'éloigne, bien à tort sans doute, mais qui l'éloigne de tout ce qui semblerait le faire descendre au même rang ; c'est en effet ce qui a lieu (27). "

Nous n'admettons dans aucune hiérarchie de ce monde, que qui que ce soit doive commander avant d'avoir appris à faire et à obéir, et dans l'industrie moins qu'ailleurs. Songeons à l'instruction professionnelle, cela est bien (28) si nous entendons maintenir notre industrie à son rang et, pour y arriver, notons bien que cette instruction doit être graduée selon la destination de chacun. Pensons donc aux ouvriers de l'avenir et donnons aux jeunes gens la connaissance exacte des procédés du métier pour lequel ils ont manifesté leur goût ; nous compléterons ainsi cet apprentissage que l'ouvrier devait faire autrefois et qu'il ne peut plus suivre par suite de l'inexpérience et de la mauvaise volonté de certains patrons.

A notre avis l'enseignement des adultes se trouve dans une période transitoire et doit peu à peu se transformer.

Il est un perfectionnement actuel en ce sens qu'il donne un supplément d'instruction à ceux qui n'ont pu l'avoir complet auparavant ; mais en même temps il est le symptôme d'une fréquentation insuffisante de l'école primaire et de la nécessité d'organiser sérieusement l'enseignement spécial ou professionnel. Ce genre d'enseignement aura donc à se modifier de manière à être donné plutôt à l'apprenti qu'à l'ouvrier.

Les apprentis sont généralement en Allemagne *assujettis* à fréquenter jusqu'à l'âge de 16 à 18 ans les leçons du dimanche et des jours de fêtes et parfois celles du soir qui sont données

---

(27) Rapport de la chambre de Commerce de Toulouse à l'enquête pour l'enseignement professionnel, 8, II, page 775.

(28) Nous l'avons demandé nous-même, en 1864 (*Lettres sur l'architecture au* XIXe *siècle*. Annecy, Thésio, pages 47 et 48). On peut citer quelques établissements qui marchent sérieusement dans cette voie et notamment l'Ecole d'apprentissage du Havre. Voyez : *Société de protection des apprentis*. (*Bulletin* de 1868, page 292).

à l'école primaire. C'est en effet le meilleur moment pour perfectionner l'enseignement que ces jeunes gens ont reçu précédemment.

Du reste la loi allemande est encore bien plus sévère si l'apprenti ne sait pas lire. En principe et dans l'application, l'apprenti et l'ouvrier qui veulent entrer dans un atelier doivent apporter la preuve qu'ils ont fait leur temps d'instruction primaire et fournir un certificat du maître d'école ; et si on les prend par faveur, dans des cas très-rares et exceptionnels, avant qu'ils ne sachent lire et écrire, il faut qu'ils fassent une école du demi-temps (c'est à dire de la 1/2 journée) ou du dimanche.

On ne se préoccupe pas assez en France de l'école du dimanche et jours de fêtes et on lui préfère celle du soir. Ce pendant prendre l'heure où le repos est plus indispensable est une interversion regrettable. Trois heures le dimanche et au grand jour vaudraient mieux pour l'étude du dessin que cinq à la lumière du gaz et après la fatigue d'une journée employée aux travaux manuels.

CHAPITRE III.

Etablissements et Ecoles de la ville de Lyon, destinés à l'enseignement et à l'encouragement des beaux-arts.

Quels moyens Lyon a-t-il pour soutenir la lutte avec la concurrence et avec le goût des autres villes et de l'Etranger ?

Nous ne sommes pas de ceux qui blâment et dénigrent de parti pris; si nous avons douloureusement constaté des erreurs dans la direction du genre décoratif de notre fabrique, nous affirmerons que notre ville possède tout ce qu'il faut pour regagner le terrain perdu, et nous n'irons pas jusqu'à dire, avec des personnes que nous ne voulons pas nommer, que certains établissements sont « tombés. »

D'autres plus compétents que nous jugeront si les sciences et l'industrie mécanique ont des établissements et des conservatoires suffisants.

En ce qui concerne les beaux-arts et spécialement l'art

appliqué à l'industrie lyonnaise, notre ville est richement dotée : *il n'y a plus rien à créer*, il n'y a qu'à coordonner et à veiller à la méthode de l'enseignement.

Nous allons, en conséquence, étudier les établissements de notre ville fondés avec tant de sollicitude pour le perfectionnement des arts du dessin.

1° LE MUSÉE D'ART ET D'INDUSTRIE AU PALAIS DU COMMERCE.

Cet établissement, quoique le dernier venu dans l'ordre historique, est le pivot autour duquel notre art industriel doit tourner pour maintenir sa réputation.

Déjà Daunou et Mayeuvre de Champvieux avaient, dès 1797, demandé au Conseil des Anciens que l'on établît à Lyon un musée d'art et d'industrie où, à côté des dessins et des ornements, on eût placé les plus belles œuvres de l'art antique ; dès cette époque on méditait de joindre à ce musée, comme des annexes fécondes et vivantes, des écoles d'art, lesquelles seules ont été établies peu de temps après (29).

Cette idée, reprise bientôt, ne fut pas suivie d'exécution ; Artaud a raconté (30) que lorsque Bonaparte vint à Lyon, Dechazelles « fut chargé de lui montrer en détail tous les utiles établissements du Palais des Arts. Bonaparte le remarqua et fut très satisfait des explications qu'il donna à sa curiosité. L'habile administrateur exprima si bien le besoin que la ville

---

(29) Voyez un peu plus loin l'historique de l'Ecole de dessin et des Beaux-Arts. Etienne Mayeuvre de Champvieux, né à Lyon le 11 janvier 1743, y est mort, le 9 juin 1812.

(30) Notice sur feu P. T. Dechazelles (*Revue du Lyonnais*, 2ᵐᵉ série, tome XXIX, pages 168 et 253).

de Lyon avait de la création d'un musée relatif aux arts manufacturiers, que ce prince généreux promit non seulement un local magnifique, mais encore de beaux tableaux pour le parer. L'effet suivit si bien cette promesse que l'Empereur accorda 800,000 francs pour former cette première collection. Le malheur voulut que la paresse de l'architecte (31) ne permit pas d'employer plus de 130,000 francs en plusieurs années, et que la chute du héros dispersa tous les fonds. » . . . .

« On est surpris, » continue Artaud en parlant toujours de Dechazelles, » que la ville n'ait pas cherché à acquérir un de ses tableaux de fleurs pour le placer au Musée. On est surpris également que rien ne rappelle le souvenir de cet homme de bien dans le Palais des Arts et dans les écoles, où il a imprimé le premier mouvement de vie (32).. »

Pour nous faire l'écho de ce vœu patriotique, nous demandons que vers chaque classe de l'Ecole il soit placé un tableau indiquant les professeurs qui en ont dirigé l'enseignement, en remontant jusqu'à l'ancienne Ecole de dessin. Cela excitera en même temps l'émulation des élèves et celle des maîtres appelés à continuer une tâche aussi importante.

Le Musée d'art et d'industrie ne devait être créé qu'à la dernière heure ; il fut voté par la chambre de Commerce dans sa séance du 24 janvier 1856.

Cependant il est juste d'attribuer au sénateur Vaïsse une certaine part, soit dans l'initiative soit dans l'exécution. A la date du 23 mai 1853, cet administrateur adressait à

---

(31) Lors de l'entrée de Bonaparte, 1er consul, à Lyon, en 1802, il y avait trois architectes de la ville : Peranciol, pour le nord ; Marion, pour le midi, et Loyer, pour l'ouest. En 1805, les mêmes étaient en exercice excepté Loyer, qui avait été remplacé par Flachéron ; c'est peut-être de Flachéron ou de Gay qu'il s'agit ici.

(32) Le cabinet d'objets d'art de M. Albin Chalandon, à Parcieu, contient plusieurs tableaux de Dechazelles son parent (Communiqué par M. Martin-Daussigny).

M. Dardel, alors architecte en chef de la ville, une lettre dans laquelle il traçait le programme de la rue Impériale et de la construction du Palais du Commerce (33) ; nous y relevons le passage suivant : « Enfin il faudrait un second étage où seraient les salles et galeries destinées au musée de l'industrie. Ce musée devrait être disposé pour recevoir les métiers, outils et instruments successivement employés par l'industrie lyonnaise avec la série de ses transformations et de leurs perfectionnements. Un emplacement serait consacré à l'exposition des échantillons des produits de cette industrie rangés suivant l'ordre du temps et la nature des produits, en remontant aussi haut que possible dans le passé..... »

M. Vaïsse pensait plus à l'industrie qu'à l'art : aussi la Chambre de commerce, qui entrait pour moitié dans la construction du Palais, entreprit de doubler l'œuvre. Les efforts de l'Angleterre dans l'enseignement des beaux-arts la décidèrent à organiser des investigations sur les progrès de ce mouvement, et elle délégua M. Natalis Rondot à Lille, à Bruxelles et à Londres, et MM. Arlès Dufour, Meynier et Bonnefond, directeur de l'Ecole des beaux-arts, à Manchester.

M. Rondot fut chargé de consigner dans un rapport ses propositions pour l'établissement d'un musée comprenant à la fois l'art appliqué et l'industrie (34). Ce rapport, approuvé

---

(33) Voyez : *Palais du Commerce élevé à Lyon*, Paris, Morel, 1868, pages 2 et 3.

(34) Voyez : *Chambre de commerce de Lyon. Musée d'art et d'industrie. Rapport de M. Natalis Rondot.* Lyon, L. Perrin, MDCCCLIX.

Le Musée autrichien de Vienne a accentué plus vivement encore que celui de *South Kensington* la direction des styles. Le musée d'art et d'industrie de Moscou a été établi par l'Empereur de Russie, le 17 janvier 1864, sur le plan du Musée de Lyon. On a ajouté à la bibliothèque des ouvrages sur la grammaire et l'histoire de l'ornementation *russe*, création qui est encore à établir en France. Ce sont les directeurs, professeurs, dessinateurs et mouleurs de l'école technique, jointe au Musée, qui ont aidé à préparer cette grammaire historique.

dans la séance du 27 septembre 1858, à laquelle assistait le sénateur Vaïsse, servit de point de départ à ce qui a été exécuté par les soins de M. Jourdeuil (35).

La partie sans contredit la plus intéressante, la plus utile et la plus consultée du Musée d'art et d'industrie c'est la bibliothèque : on y trouve à peu près tout ce qui est désirable pour l'étude sérieuse de l'art industriel : ouvrages anciens et modernes, recueils d'échantillons, gravures d'art, traités sur tous les métiers et professions, histoire des arts, etc. Lyon ne connaît pas suffisamment tout ce que les artistes et les ouvriers peuvent trouver dans cet établissement, où l'on fournit toutes les facilités nécessaires pour dessiner et pour calquer.

Le catalogue n'existe pas encore ; c'est là une amélioration à réaliser dans le plus bref délai.

Ce catalogue devra être imprimé, ainsi qu'on aurait dû le faire déjà depuis longtemps pour nos deux autres bibliothèques.

Nous ne pouvons nous expliquer l'oubli général, en France, de ce moyen puissant d'activer les études. Avec un catalogue d'un format portatif et vendu à prix réduit, chacun peut, à loisir et chez soi, examiner et apprécier les richesses de chaque dépôt et diriger, en conséquence, ses études, sûr de trouver, à point nommé, les ouvrages qui lui seront indispensables. L'absence de cette publication entraîne une perte de temps toujours fâcheuse pour les érudits et l'incertitude pour ceux, moins instruits, qui fréquentent les bibliothèques dans le seul désir d'apprendre.

Le catalogue de la bibliothèque de *South-Kensington Museum* (36), comprenant plus de 17,000 ouvrages, ne coûte que

---

(35) Charles Jourdeuil, né   est mort à Lyon le 2 septembre 1868.

(36) *The classed catalogue of the educational division of the South Kensington Museum with a supplement Brougth down to January 1867*. London, George, E. Eyre and William Spottiswode printers to the Quenn's most excellent Majesty. 1867.

3 schellings, soit 3 fr. 75 ; il comporte plus de 300 pages et il est encore doublé par les prospectus de toutes les maisons de commerce qui s'occupent de livres et d'objets relatifs à l'instruction publique des sciences et des arts.

On peut objecter que, par suite des acquisitions, un catalogue semblable ne peut être complet. Cela est vrai, mais comme on ne s'enrichit guère chaque année, cela ne devient plus qu'une question de supplément à ajouter à chaque édition.

La collection d'objets est moins riche que la bibliothèque, et, si on enlevait quelques morceaux gracieusement prêtés, l'histoire de l'art présenterait de grandes lacunes.

Il est incontestable que la Chambre de commerce a déjà fait beaucoup de ses deniers ; si elle veut aller plus loin, elle doit faire appel à la coopération privée, et quêter pour ses collections. On la croit très-riche, on compte sur ce qu'elle fait chaque jour et on se désintéresse. Qu'elle publie ce qu'elle a fait et le but auquel elle se propose d'arriver ; qu'elle crie, bien haut, qu'une galerie entière est vide et l'on verra.

Nous reviendrons sur ce sujet en indiquant ce qui s'est fait ailleurs sur ce terrain.

Nous rapportions tout à l'heure, et avec justice, au sénateur Vaïsse l'exécution du musée d'industrie au Palais du Commerce ; mais nous avons le pressentiment que l'avenir dévoilera deux fautes dans cette utile institution :

Dans vingt ans, ce musée sera trop petit, et suffira à peine aux collections industrielles et aux machines ; dès ce moment, il a un grave défaut : il n'est pas voisin de l'école.

La science mécanique a son conservatoire dans l'école de la Martinière, et le professeur peut ainsi transporter, du musée à la salle d'étude, l'objet sur lequel il veut appeler l'attention de ses élèves.

Par la même raison, l'école des beaux-arts et le musée d'art appliqué, quoique administrés séparément dans l'intérêt de leur progrès, devraient être réunis sous le même toit (37), le musée industriel restant au Palais du Commerce.

Nous terminerons cet examen en manifestant le vœu que le musée du Palais du Commerce se maintienne constamment dans son véritable programme : l'*art appliqué* et l'*industrie*. Il existe déjà une collection archéologique remarquable, au Palais des Arts et si, d'une part, il serait regrettable de voir deux établissements se paralyser réciproquement dans leurs achats, de l'autre, il ne faut pas oublier que les objets du musée d'art et d'industrie devant être communiqués aux hommes spéciaux, ne sauraient, par ce motif, être sans inconvénient d'une grande valeur intrinsèque. Des reproductions faites avec précision peuvent aussi bien remplir le but recherché.

2° BIBLIOTHÈQUE DU PALAIS DES BEAUX-ARTS.

La création de cet établissement remonte à 1828 ; son règlement date du 1er août de cette année. Cependant, par arrêté du 12 février 1831, M. Prunelle, maire de la ville de Lyon organisa définitivement la bibliothèque dans le but de faciliter les recherches des personnes adonnées à la culture des sciences et des arts.

---

(37) Des Ecoles d'art et une Ecole normale réunissant plus de 800 élèves, sont annexées au grand établissement anglais de South-Kensington, commencé en 1856, et ouvert le 22 juin 1857. L'Union centrale des beaux-arts appliqués à l'industrie a, dès 1865, projeté l'établissement d'un collége des beaux-arts appliqués ; malgré les efforts considérables et de grands sacrifices de la part des promoteurs, le comité n'a pas réussi encore à le fonder : nous croyons, toutefois, qu'on n'y a pas encore renoncé.

Une École de dessin technique, dite Stroganoff, est jointe au Musée d'art et d'industrie de Moscou : un même directeur est préposé aux deux établissements.

Cette collection comprit, outre les bibliothèques de l'Académie et de la Société de médecine, celles d'autres sociétés savantes, telles que la Société Linéenne, celle d'agriculture et celle de pharmacie, lesquelles, depuis, ont retiré leurs livres.

A ce jour elle possède environ 70,000 volumes, dont 18,000 appartenant à l'Académie et 2,000 à la Société de médecine.

Les beaux-arts comprennent 2,000 volumes (formant 700 ouvrages) et 30,000 estampes de maîtres, encadrées ou en portefeuille, arrangées par écoles.

Il ne manque plus, au point de vue de la facilité des recherches, pour les estampes, qu'un catalogue numéroté en rapport avec leur classification.

Ce travail, entrepris il y a quelques années, n'a pas été achevé. Nous demanderions, en ce qui nous concerne, que les estampes relatives à l'ornementation soient, les premières, l'objet de ce travail, qui devra être repris bientôt (38).

3° SOCIÉTÉ DES AMIS DES ARTS.

La Société des Amis des Arts, fondée à Lyon en 1836, consacre depuis longtemps l'allocation de 5000 francs *qu'elle reçoit de la Chambre de commerce* à l'encouragement des arts industriels. Une somme de 800 francs est appliquée par elle à l'école des beaux-arts pour les concours de fin d'année, et répartie par le jury entre les lauréats de la classe de fleur et de celle d'ornementation.

---

(38) Voyez ce que nous avons dit à l'égard des catalogues imprimés (note 36). La bibliothèque du Palais-des-Arts possède bien un ancien catalogue imprimé; mais on n'en a tiré qu'un petit nombre d'exemplaires et avec un luxe qui n'en a jamais permis la vente à bon marché, et il ne contient pas les estampes.

Le surplus est consacré à proposer des prix considérables à des concours spéciaux de fleur, d'ornementation et de gravure. Les plus remarquables d'entre les dessins couronnés dans ces concours sont réservés par la Société et offerts par elle au musée d'art et d'industrie.

En 1869, la Société a accordé : pour la fleur 1,750 francs, en trois prix, à trois concurrents ; pour l'ornementation 1,350 francs, en quatre prix, à huit concurrents, et pour la gravure 700 francs, en deux prix, à deux concurrents.

Ces encouragements sont, comme on le voit, d'une grande importance. La société a cherché, surtout, à récompenser la fleur, malgré le petit nombre des concurrents, afin de maintenir à son niveau ce genre de peinture si utile à notre fabrique. Il est vraiment déplorable que les jeunes gens ne s'adonnent pas avec plus d'ardeur à une spécialité qui, aidée de l'étude de l'ornementation, nous permettrait de reprendre la voie dans laquelle ont tant brillé les de la Salle et les Bony, et où d'autres recueillent encore l'honneur et la fortune.

Que la Société ne se lasse pas et continue ainsi à répondre aux vues élevées de la Chambre de commerce, et, si elle peut faire plus, elle ne le regrettera pas. Nous lui demanderons, cependant, deux choses : la première d'instituer un nouveau genre de concours dans lequel il sera stipulé une composition d'étoffe embrassant, dans sa décoration, à la fois, et de la fleur, et de l'ornementation ; la seconde consisterait à vérifier si les concurrents ont réellement fait eux-mêmes et entièrement leur composition, en exigeant qu'ils exécutent, en quelques heures, sous les yeux d'un jury désigné, et sans sortir de la salle, un dessin ou une esquisse d'une composition sur un sujet donné. Nous ne connaissons nul autre moyen de constater, avec certitude, les capacités relatives des concurrents

Le but pour lequel la Société des Amis des Arts encourage la peinture, la sculpture et la gravure n'appartenant pas à l'ordre d'idées que nous étudions, nous laissons à d'autres le soin d'apprécier s'il existe, comme l'a dit avec justesse son président, M. de Champ, à l'assemblée générale des actionnaires, « les moyens d'améliorer l'œuvre, de lui donner une extension nouvelle et de la rendre tout à fait digne du but élevé qu'elle poursuit (39). »

4° SOCIÉTÉ D'INSTRUCTION PRIMAIRE DU RHÔNE.

(Cours de dessin, enseignement de perfectionnement général et spécial.)

Fondée en juillet 1816, cette Société a ouvert des cours de dessin pour les *adultes*. Les ouvriers surtout s'y rendent le soir de 8 à 10 heures et trois fois par semaine, soit six heures par semaine pendant environ six mois de l'année (40).

Ces cours sont au nombre de trois et sont fréquentés ensemble en raison d'une moyenne de 180 présences environ.

Deux cours sont consacrés au dessin d'imitation de la figure et de l'ornement d'après des modèles et d'après le plâtre ; le troisième cours enseigne le tracé géométrique, le lavis, le dessin de menuiserie, de serrurerie et de mécanique et enfin le dessin d'ornementation au crayon.

Les résultats des travaux des élèves sont d'autant plus intéressants que la durée de l'étude est courte et que ceux qui s'y rendent ont laborieusement employé leur journée, soit à d'autres études, soit aux travaux manuels de leur état.

On doit noter, à titre de renseignement, que ces cours de

---

(39) *Compte-rendu à l'Assemblée générale des Actionnaires, le 19 novembre 1869.* Lyon, A. Vingtrinier, 1869 (page 12).

(40) Les cours, quoique ouverts pendant neuf mois, sont malheureusement désertés vers le mois de mai, de façon à ne réunir plus qu'un nombre très-réduit d'élèves.

volontaires sont très irrégulièrement fréquentés, et que les inscriptions y sont d'un chiffre plus élevé que celui de 180 que nous avons cité. Les élèves ne paient qu'un droit d'inscription de 3 francs par cours.

Les modèles et plâtres du dessin de la figure et de la bosse sont ceux que l'on trouve partout ; ceux du tracé linéaire et géométrique, de serrurerie, de menuiserie, de mécanique et d'ornement laissent le champ à de nombreux *desiderata*, ici encore comme ailleurs. La faute ne peut en être attribuée à personne, puisqu'il n'en existe pas dans le commerce de réellement satisfaisants. Il y a là toute une création à faire (41).

Nous reviendrons sur ce sujet.

Deux écoles de dessin pour les filles, réunissant ensemble 90 élèves, de 16 à 25 ans, ont été ouvertes par la même société et donnent des résultats excellents. Dans l'une on travaille 7 heures 1/2 par semaine et chaque élève paie 20 francs de droit d'inscription ; dans l'autre le travail est de 6 heures et le droit d'inscription de 10 francs.

Ces enseignements répondent aux besoins qu'ils doivent servir ; le nombre des élèves a un peu diminué depuis la création de l'enseignement professionnel, mais il n'y a pas lieu de s'en préoccuper ; il s'accroîtra certainement dès que l'on aura amélioré, comme cela est probable, le matériel de modèles des cours de tracé linéaire, et surtout quand on aura adopté l'excellent système de la Martinière, de dessin géométrique à main levée d'après des modèles en laiton, d'après des solides en bois, et d'après des machines en relief.

Les cours de dessin d'imitation de la figure, qui à eux seuls réunissent une moyenne de 140 présences, indiquent qu'ils sont recherchés par les jeunes gens qui ont embrassé les car-

---

(41) Voir à ce sujet Charles Blanc (*Gazette des Beaux-Arts* 1er septembre 1865) ; M. Léon Lagrange (*Correspondant*, 15 octobre 1865), et M. Paul Allard, article sur *l'Art-Département* anglais (*Gazette des Beaux-Arts*, t. 2), pages 406 à 408).

rières artistiques ou industrielles, et qui ne peuvent, à cause de leur âge, faire le sacrifice de leur journée en allant à l'Ecole des beaux-arts.

Cette faveur pour ces cours est un excellent symptôme, et les résultats obtenus y sont satisfaisants. C'est dire tout de suite que la Société d'instruction primaire suit là une excellente voie et mérite la reconnaissance publique.

5° SOCIÉTÉ D'ENSEIGNEMENT PROFESSIONNEL.

(Cours de dessin, enseignement de perfectionnement industriel.)

Cette société, fondée en 1864, a organisé deux cours de dessin qui sont fréquentés par 50 élèves, dont la moyenne de présences est d'environ 40 ; le droit d'inscription est de 3 francs ; en général ils ne sont pas admis avant l'âge de 16 ans ni passé 30.

Les cours ont lieu deux fois par semaine de 8 à 10 heures du soir : c'est donc quatre heures d'étude par semaine ; ce n'est pas assez.

Mais un certain nombre d'élèves emporte les modèles et les travaux commencés, ce qui leur permet d'augmenter un peu cette courte durée du travail. Nous croyons néanmoins que cet usage présente deux inconvénients : la surveillance du procédé par le professeur devient nulle, et l'élève perd les avantages de l'école publique, qui consistent surtout dans l'enseignement mutuel entre les élèves.

On y enseigne le dessin appliqué à l'architecture, à la serrurerie, à la carrosserie, à la fabrique, à l'ameublement, etc..... et le dessin d'imitation de la figure, d'après les estampes ou d'après le plâtre. Là aussi le matériel des modèles est tout-à-fait insuffisant.

La même société a aussi un cours de dessin géométrique fréquenté par environ 30 à 35 élèves.

6° Ecole des sciences et arts industriels de la Martinière.

(Enseignement préparatoire et spécial.)

Le 13 septembre 1800 mourait à Lucknow, dans le Bengale, le major général Claude Martin, léguant à la ville de Lyon des sommes importantes pour la création de divers établissements et écoles. Un arrêté du gouvernement consulaire du 2 mai 1803 accepta ce legs, et cet arrêté fut confirmé par ordonnance royale du 24 décembre 1817 et complété par une autre ordonnance de 1833.

L'organisation de cette Ecole, déférée par le vœu formel du testateur à l'Académie des sciences, belles lettres et arts de Lyon, traîna en longueur par suite de difficultés que nous n'avons pas à rapporter : M. Tabareau dirigea l'Ecole depuis 1825 au Palais des Arts, où elle fonctionnait provisoirement. C'est donc à l'Académie que revient l'honneur d'avoir, dans sa séance du 10 septembre 1822, déclaré que « la Martinière serait une École gratuite d'arts et métiers spécialement appliquée aux progrès et au perfectionnement de l'industrie lyonnaise. »

Nous noterons tout de suite que peu à peu l'enseignement de l'Ecole, prévoyant l'avenir, n'a pas songé *uniquement à l'indus-*

trie des étoffes de soie et a généralement donné tous ses soins à celle de la mécanique, de la teinture, et des métiers du fer, de la pierre et du bois. Son succès immense est un éloge auquel nous ne pourrions rien ajouter par notre faible suffrage.

M. L. Dupasquier, architecte, est l'auteur de l'enseignement du dessin à cette École. Chargé du cours en 1828, il s'occupa tout d'abord de faire exécuter de la figure et de l'ornementation d'après des modèles au trait, du lavis et de la théorie des ombres.

Mais en 1833, lorsque l'École fut organisée définitivement dans les bâtiments de l'ancien couvent des Augustins, M. Montmartin (42) demanda à M. Dupasquier d'abandonner l'enseignement de la figure pour qu'il se renfermât dans celui du dessin des machines d'après le relief.

Les modèles en laiton et en relief furent créés en 1835 et peu à peu on a complété ce matériel par des moulures, par des machines, etc., etc.

Une des innovations importantes et fructueuses de cette École, c'est l'adoption des cercles pour l'étude d'après le relief. Chaque cercle comprend 15 ou 20 élèves placés à égale distance du modèle, lequel se présente à chacun d'eux sous un aspect différent : cette disposition leur ôte donc la possibilité de se copier tout en leur donnant une place convenable.

Un autre avantage de cette organisation, sur laquelle nous insistons parce qu'elle ne saurait être trop préconisée dans les écoles, c'est que l'enseignement, impossible à un seul professeur pour plus de 40 élèves auxquels il ne peut consacrer le temps suffisant (43), devient ainsi général et alors on peut répéter chaque fois la démonstration à chaque section de 15 ou 20 en la faisant sur le tableau de la section.

---

(42) Voyez : *Quelques opinions de M. Antoine Montmartin sur l'École de la Martinière réfutées par M. L. Dupasquier*. Lyon, A. Vingtrinier, 1833.

(43) S'il y a 40 élèves, travaillant pendant deux heures, on ne peut consacrer que trois minutes à chacun, temps évidemment insuffisant.

Ainsi, dans ce système, le professeur passe rapidement devant tous les dessins des élèves, relève les défauts les plus essentiels, les efface sur le dessin (44) et fait aussitôt la correction au tableau, parlant en même temps à l'intelligence et aux yeux. De plus, cette démonstration ne peut être copiée par les élèves qui, tous, aperçoivent le modèle sous un point de vue différent (45).

Nous signalons enfin la méthode de dessin de croquis de machines qui a donné d'excellents résultats; enfin les ateliers manuels et ceux de modelage et de sculpture.

Pour ne nous occuper que du côté qui nous intéresse, nous reproduirons quelques chiffres relatifs à l'enseignement du dessin.

Il y a deux divisions de dessin : celle de 2ᵉ année a une seule section de 110 élèves; celle de 1ʳᵉ année comprend trois sections ayant ensemble 214 élèves, total 324 élèves. La durée de l'étude est de une heure trois quarts cinq fois par semaine, produisant environ 7 heures 1/4 de travail hebdomadaire, en tenant compte des dérangements d'entrée. Les élèves de troisième année ne travaillent qu'une heure un quart, soit 6 heures par semaine.

Les ateliers de modelage et de sculpture sont fréquentés par 70 à 80 élèves divisés en deux sections. Ils y travaillent une heure et demie cinq fois par semaine, soit 6 heures 1/2 effectives par semaine. Mais comme les heures ne sont pas les mêmes, un élève peut suivre le cours de dessin et celui de sculpture et donner à ces études 13 heures 3/4 par semaine.

---

(44) Pendant la première année, les élèves de la Martinière ne dessinent que sur l'ardoise.

(45) Voyez : *Cours de dessin professé à la Martinière*, par L. Dupasquier (Lyon, 2ᵉ éd. 1852). M. Dupasquier y dit avec raison (page 27) : « Un professeur doit être persuadé qu'un défaut qui se généralise est presque constamment déterminé par une démonstration insuffisante ; c'est à celui qui enseigne à le comprendre et à compléter la leçon sans donner prise à la critique. »

Les élèves n'ont rien à payer, et, ce qui est plus, l'Ecole leur fournit tout ce qui leur est nécessaire, papier, couleurs, etc.

7° ÉCOLE IMPÉRIALE DES BEAUX-ARTS.

(Enseignement préparatoire et spécial).

La première idée d'une École publique de dessin à Lyon appartient au peintre Thomas Blanchet et au sculpteur Coysevox. Vers 1676, Blanchet soumit ses plans à Louis XIV et au peintre Lebrun, et obtint leur approbation; mais il mourut en 1689, sans avoir pu réaliser son projet (46).

En 1751, on forma de nouveau ce projet, surtout au point de vue de la fabrication et de l'ornementation des étoffes de soie. J.-B. Oudry, peintre et directeur de la manufacture de Beauvais, très-expert sur cette question, fut chargé par M. de Gournay, intendant du commerce, de donner son avis sur les mémoires et règlements divers proposés pour cet établissement. Le prévôt des marchands de Lyon qui suivait cette affaire

---

(46) C'est ce qu'a démontré M. F. Rolle, archiviste de la ville, dans les ouvrages suivants : *Enlèvement des tableaux du Musée de Lyon*, en 1815 (pages 8 et suivantes) ; *Notice sur J.-B. Oudry et l'Ecole de dessin de Lyon* (Archives de l'art français, deuxième série. tome II, pages 51 à 72). Ce dernier travail nous a fourni de nombreux renseignements pour l'historique qui va suivre.

Les plus anciennes Ecoles de dessin de la province sont celles de Besançon et de Toulouse (XVIIe siècle), Lille (1717), Troyes (1773) et Saint-Quentin (1782). L'Ecole académique de Lille est la plus nombreuse.

était alors M. Flachat de Saint-Bonnet; malheureusement, elle n'aboutit pas. Nous relèverons dans le plan qui semblait avoir quelque chance d'être adopté, que la fleur en devait être la base principale et que l'École devait être établie dans un local où il y aurait un jardin fleuriste. Quatre bourses, entières et gratuites pendant deux ans, auraient été fondées pour quatre élèves dénués de fortune. Les études devaient être formées du dessin d'après nature et de *compositions exécutées sur un sujet donné, et devant le jury, en sa présence et sur-le-champ.*

Une sorte d'Académie de dessin parvint plus tard à s'organiser; mais elle resta livrée à elle-même jusqu'en 1767, époque à laquelle une société d'amateurs éclairés, en tête de laquelle se trouvait l'intendant de la généralité, Henri Bertin, la prit sous sa protection et la tira de son obscurité.

En 1762, Nonnotte (47) y était déjà professeur; c'est dans le courant de cette année qu'il fut nommé peintre ordinaire de la ville; l'École était nommée : *Ecole académique de dessin.* Les cours eurent lieu à l'hôtel de l'ancien Gouvernement (48) jusqu'en 1766, qu'ils furent transférés dans les appartements de la congrégation *des grands artisans* au collége de la Trinité (49), et de là dans la salle où se faisaient les exercices du

---

(47) Donat Nonnotte, né à Besançon, le 10 janvier 1707, est mort à Lyon, le 5 février 1785. L'auteur de cette étude est possesseur de deux toiles remarquables de Nonnotte : ce sont les portraits de Gabriel Raoux, son arrière grand-oncle, et de Jean-Gabriel Charvet, son grand-père, qui fut élève de Nonnotte et dessinateur de papiers peints. C'est lui qui fonda, en 1785, l'Ecole de dessin d'Annonay. J.-G. Charvet a fait à la Guadeloupe divers dessins d'ichthyologie et de plantes pour Lacépède, administrateur du Muséum d'histoire naturelle de Paris.

(48) Il s'agit ici des anciens bâtiments placés sur la rive droite de la Saône, place du Gouvernement. Le Gouvernement venait d'être établi, rue de la Charité, dans l'hôtel que Bertaud, voyer, avait fait construire pour son habitation personnelle.

(49) Registres consulaires BB 330, 333 et 334. Le local occupé par l'Ecole de dessin au collége de la Trinité était placé au-dessous de la bibliothèque,

collége, laquelle était placée à l'angle de la rue Pas-Etroit et de la rue Commarmot (50).

Joubert de l'Hiberderie nous apprend que déjà, en 1765, il sortait tous les jours de l'Ecole de Lyon, « fondée il y a cinq ou six ans, des sujets excellents pour la fabrique (51). »

Elle fut réorganisée par le Consulat sur de plus larges bases, le 1ᵉʳ octobre 1769, sous le nom d'*Ecole royale académique de dessin et de géométrie*, et, dès lors, elle prit rang dans les établissements municipaux.

L'organisation fut cependant un peu modifiée en 1771 ; les professeurs étaient alors : Nonnotte, Villionne (52) adjoint, peintres, et Perrache (53) le sculpteur, tous les trois pour l'étude de modèle.

Un nouveau remaniement eut lieu en 1780. Le 27 juillet de cette année, le prévôt des marchands annonçait, dans une réunion de notables, que le roi avait autorisé cette École (*gratuite*). Le 11 août, un arrêt du Conseil d'Etat fixait la somme nécessaire pour cet établissement, qui devait avoir pour objet « *le progrès des arts et des manufactures dans la ville de Lyon.* »

---

au midi de la voûte. La chapelle au nord de cette voûte était celle dite des Messieurs. Voyez, *Tablettes chronologiques* de Péricaud (1817), le récit de l'émeute dont il fut le théâtre, le 17 novembre 1768, seulement le savant investigateur confond la chapelle des Messieurs avec celle des grands artisans. En 1770, le consulat accorda 6,000 livres à Nonnotte et aux directeurs de l'école pour les dédommager de ce qu'ils avaient perdu dans l'émeute, soit pour remplacer les pupitres, meubles et objets nécessaires à l'Ecole (Registre consulaire BB. 338).

(50) Cette salle était reliée par une voûte avec les bâtiments du collége. Elle fut plus tard aliénée à charge de démolir la voûte et servit aux séances du club central des Jacobins.

(51) *Le dessinateur pour les fabriques d'étoffes d'or, d'argent et de soie.* Paris, Jorry, 1765.

(52) Il y a eu deux Villionne, le père et le fils. Le père était professeur de la figure et le fils adjoint pour les principes en 1789.

(53) Antoine Michel Perrache, fils de Michel Perrache, sculpteur comme lui, né à Lyon, le 23 novembre 1726, est mort le 10 octobre 1779.

On voit qu'il n'y a rien de nouveau ici-bas, et que d'autres ont eu le même désir que nous, et bien avant nous. Voici les noms des professeurs de cette époque : Directeur, Nonnotte, peintre du roi et de la ville. Professeurs : pour l'étude de modèle, Villionne ; pour la sculpture, C. Jayet (54) ; pour la fleur et l'ornementation, Gonichon (55) ; pour la géométrie pratique et l'architecture, Achard (56) ; adjoint pour la géométrie pratique, Amiral ; pour les principes du dessin, Grognard (57). L'emploi de directeur fut supprimé à la mort de Nonnotte.

L'Ecole était placée sous la direction d'un bureau composé de quatorze administrateurs parmi lesquels figuraient en première ligne l'Intendant de la Généralité et le Prévôt des marchands.

La Révolution fit fermer les cours ; mais, au retour de la tranquillité, on reconnut bien vite qu'il fallait rétablir l'ancienne Ecole.

Sous la direction d'une commission de citoyens que l'on nommait le *Conservatoire des arts* (58), établie dans l'ancien monastère des Dames de Saint-Pierre, on forma, dans ce local, l'*École centrale*, qui embrassait diverses branches de l'enseignement secondaire.

Cette Ecole, instituée en l'an IV, suivant la loi du 3 brumaire, ouvrit ses cours en l'an V, et sa première section com-

---

(54) Clément Jayet, né à Langres, le 26 février 1731, est mort à Lyon, le 27 février 1804 (*Bulletin de Lyon* du 9 ventôse an XII).

(55) L'étude de l'ornementation a toujours dû accompagner celle de la fleur.

(56) Est-ce le même qu'Achard, architecte, qui reçut 720 livres pour un projet de reconstruction de l'Académie d'équitation de la rue Bourgelat (*Revue du Lyonnais*, t. XXXIII, p. 135. Registre consulaire BB. 340. f° 48) ?

(57) Alexis Grognard, né à Lyon en 1751 (?) est mort en 1840. Il était élève de Nonnotte et de Vien, et fut appelé de Rome pour les fonctions de peintre de la ville, le 29 octobre 1778. Mais on le révoqua pour mettre Cogell à sa place, le 5 janvier 1779 (Registre BB, 345). Voyez sa biographie, par Fleury Richard (*Revue du Lyonnais*, 2ᵉ série, t. II, p. 423).

(58) Voyez notre biographie de la Valfenière, pages 103 à 107.

prenait l'enseignement du dessin, à la tête duquel on plaça Cogell (59).

Un cours spécial et indépendant de l'École centrale tint également ses cours dans le claustral de Saint-Pierre; c'était l'*Ecole de dessin pour la fleur*, créée spécialement pour les artistes qui se destinaient aux manufactures ; elle commença en l'an VIII (1799) et eut pour professeur Devarenne.

Mais le nouvel enseignememt de l'École centrale n'était pas né viable, et cette institution vint mourir dans les anciens bâtiments du collége de la Trinité. Un décret consulaire du 24 vendémiaire an XI (17 octobre 1802) ordonna qu'un lycée serait établi dans ces bâtiments, et l'ouverture du nouvel établissement eut lieu le 15 messidor (5 juillet 1803). Cogell y entra comme professeur de dessin.

L'École de dessin pour la fleur fut maintenue, et parallèlement avec elle on établit une *Ecole théorique et pratique pour la fabrication des étoffes de soie,* à la tête de laquelle on plaça Lasselve (60).

Quant à l'Ecole de dessin proprement dite, elle dut se rouvrir, conformément à l'arrêté du 23 germinal an X (13 avril 1802), également dans le claustral de Saint-Pierre.

Un décret impérial du 21 germinal an XIII (15 avril 1805),

---

(59) Pierre Cogell, peintre, né à Stockolm en 1734, est mort à Lyon le 20 janvier 1812. Elève de Vien, il vint à Lyon en 1764, fut nommé peintre de la ville le 5 janvier 1779, en survivance de Nonotte, resta seul pourvu en 1785 (voir sa notice par J.-B. Dumas). Voir dans la collection Coste la lettre de Mayeuvre, représentant du peuple au Conseil des Cinq cents, du 4 ventôse an V (22 février 1797), par laquelle il informe les membres de l'administration centrale du département du Rhône, qu'il fait les démarches nécessaires auprès du conseil des Anciens pour obtenir un second professeur de dessin à l'*Ecole centrale* pour le *dessin de fleur et la mise en carte*. M. Terret, député du commerce de Lyon, s'est joint à lui. C'est Daunou qui devait faire le rapport ; nous ne savons s'il fut dressé.

(60) 23 juin 1801, arrêté du préfet portant création d'une Ecole de dessin pour la fleur.

l'organisa à nouveau ; mais elle ne marcha réellement qu'à dater de 1807.

Le décret impérial qui a constitué l'état de choses qui existe encore est daté de Varsovie, 25 janvier. Dechazelles (61), membre du Conservatoire des arts, réorganisé par l'arrêté du maire de Lyon, Fay de Sathonay, en date du 8 mars 1806, prit une part très-importante à cette organisation. Révoil (62) fut nommé professeur de peinture ; Chinard (63) de sculpture, et Gay (64) d'architecture.

Devarenne fut maintenu pour la classe de la fleur, dans laquelle il fut remplacé peu après par Baraban, et Leclerc (65) fut chargé du cours de mise en carte. L'installation eut lieu le 3 juillet, et, à cette occasion, le maire prononça un discours qui a été inséré dans le *Bulletin de Lyon* du 11 de ce mois.

L'Ecole théorique et pratique pour la fabrication des étoffes de soie subsista jusqu'en 1810, et fut malheureusement supprimée ; car ce que l'on nomme la théorie, et même la mise en carte, délaissées peu à peu depuis cette époque, ne reçurent pas, dans l'enseignement de l'Ecole des beaux-arts, tous les soins et toute l'importance que méritent ces genres d'étude, qui sont à la composition pour la fabrique ce qu'est l'étude de la construction à la théorie de l'architecture.

L'Ecole spéciale de dessin atteignit peu à peu l'ensemble des cours qu'elle conserve encore et que motiva la faveur dont elle jouit tout d'abord. Il faut rappeler qu'elle était, au début, à peu près la seule école de dessin, et qu'à un moment où tous les

---

(61) Voyez note n° 14.

(62) Pierre Révoil, né à Lyon le 12 juin 1776, est mort à Paris le 19 mars 1842 (*Eloge historique de Pierre Révoil*, par E.-C.-Martin-Daussigny, Lyon, 1842).

(63) Joseph Chinard, né le 12 février 1756, est mort le 20 juin 1813.

(64) Joseph-Jean-Pascal Gay, né le 14 avril 1775, est mort le 16 mai 1832.

(65) Jacques Leclerc de la Colombière est mort à Lyon, le 14 avril 1808 (Péricaud).

arts renaissaient avec la splendeur de l'Empire une foule de jeunes gens s'y pressait pour embrasser la carrière des beaux-art. Observons cependant qu'elle fut établie uniquement en vue des *manufactures lyonnaises*, ainsi qu'on le disait alors et qu'on l'a si souvent répété depuis, bien que l'enseignement purement artistique y ait prévalu insensiblement (66) à cause des triomphes remportés par les élèves de la peinture : Trimolet, Bonnefond, Orsel et Flandrin.

Certes, comme artiste et comme architecte, nous tenons autant qu'un autre à placer au rang le plus honorable les arts du dessin. Aussi, de même que nous prétendons que la peinture et la statuaire doivent faire un tout indissoluble avec l'architecture dans les monuments, et qu'ils sont ensemble la plus belle expression de l'art, de même nous affirmons sans détour que dans une grande ville industrielle où tant d'existences ont besoin du travail de chaque jour, le beau doit aller de pair avec l'utile, l'art avec l'industrie.

Les classes de figure et de peinture (67) furent dirigées, depuis la fondation jusqu'en 1830, par Révoil, titulaire, sauf une suppléance de six années par Richard (68). Il fut remplacé

---

(66) C'est pour cela que, dès 1812, un laurier d'or fut attribué comme récompense à la classe de peinture ; si l'on veut réellement maintenir l'Ecole dans la direction qui a présidé à son établissement, il conviendrait, de l'avis de plusieurs personnes compétentes, de ne donner ce prix exceptionnel qu'à l'excellence dans l'une quelconque des quatre classes spéciales : peinture, architecture, gravure et sculpture, sur le rapport du jury des concours, assemblé toutes sections réunies.

Sous le premier empire, l'élève qui obtenait le laurier d'or tait exempté de la conscription, ce qui alors était un avantage immense. Ce privilége fut aboli sous Louis XVIII.

(67) Le décret pour l'ouverture d'une seconde classe de principes de figure est du 16 octobre 1813 ; elle fut ouverte le 8 novembre suivant (*Moniteur* du 24).

(68) J. Fleury Richard, né à Lyon le 25 février 1777, est mort à Ecully le 14 mars 1852 ; il suppléa Révoil de 1817 à 1824.

en 1831 par Bonnefond (69), qui en même temps remplit les fonctions de directeur de l'école jusqu'à sa mort en 1860. Depuis cette époque cette classe a eu successivement pour titulaires Janmot (70) puis Genod (1861) et enfin M. Guichard (1862).

La classe de bosse était primitivement faite par le professeur de figure et de peinture pendant que les classes de principes se bornaient à faire copier des modèles gravés ou lithographiés. Bonnefond en 1839 se déchargea de cette section qui fut confiée à Genod (71); elle fut réunie aux divisions de principes en 1851 après la mort de Blanchard.

On a vu que les principes furent d'abord confiés à Grognard ; l'importance de cette classe en fit créer une seconde en 1818 à laquelle l'on plaça Grobon (72). En 1821 Grognard fut remplacé par Rey (73) dont le successeur a été M. Bonirote (74) en 1853, actuellement titulaire. A Grobon succédèrent Blanchard (75) en 1839, Genod (comme nous l'avons déjà dit) en 1851, et M. Chaine (76) en 1862, actuellement titulaire.

Après Gay, la classe d'architecture eut pour titulaire Cochet (77); ce dernier fut remplacé en 1823 par M. Chena-

---

(69) Jean-Claude Bonnefond, né à Lyon le 27 mars 1796, mort le 27 juin 1860, fut nommé le 4 avril 1831 (Voyez son *Eloge*, par E. C. Martin-Daussigny, 1861).

(70) Anne-François-Louis Janmot est né à Lyon le 21 mai 1814.

(71) Michel-Philibert Genod, né à Lyon en 1796, y est mort le 25 juillet 1862.

(72) Michel Grobon, né à Lyon en 1770, est mort le 2 septembre 1853.

(73) Etienne Rey, né à Lyon le 28 janvier 1789, élève de Pillement et Cogell, est mort à Lyon le 12 janvier 1867.

(74) Pierre Bonirote est né à Lyon le 6 avril 1811.

(75) André Blanchard, né à Lyon, le 30 octobre 1800, y est mort le 21 décembre 1850.

(76) Nicolas-Achille Chaine est né à Verdun (Meuse) le 24 octobre 1814.

(77) Claude-Ennemond-Balthazar Cochet, architecte, né le 6 janvier 1760 est mort le 14 mars 1835

vard (78) qui a formé toute la génération actuelle des architectes de notre ville. Les études sont partagées dans cette classe entre le dessin géométrique soit d'architecture soit d'ornementation, et les compositions de projets d'édifices. Ce dernier genre d'enseignement a fourni, jusqu'à ce jour, des résultats admirables : la plupart des élèves qui l'ont suivi à Lyon sortent généralement les premiers dans les concours analogues faits à l'École impériale et spéciale des beaux-arts de Paris.

Le titulaire actuel de la classe d'architecture est M. Louvier, (79) qui a remplacé en 1860 M. Chenavard.

Dans la classe de sculpture, Chinard, mort en 1813, fut remplacé par Marin (80) auquel succédèrent Legendre-Herald (81), M. de Ruolz (82) et enfin M. Fabisch (83) en 1840.

Des compositions de figures et d'ornement, sur des programmes donnés alternent avec l'étude du modèle et viennent compléter ainsi l'ensemble de l'enseignement de la classe à la fois dans le sens des beaux-arts purs et dans celui de leur application à toutes les manufactures.

Nous insistons sur la méthode de composition, à laquelle nous reviendrons du reste avec plus de détail, parce qu'elle est un des meilleurs moyens de former réellement des élèves et d'arriver à un enseignement supérieur. Elle a été pratiquée depuis la fondation de l'école dans le plus grand nombre des classes et elle y forme la base essentielle de la plupart des concours de fin d'année, le dessin d'imitation n'y étant considéré que comme une préparation.

(78) Antoine-Marie Chenavard, architecte, né à Lyon le 4 mars 1787, fut nommé le 11 juin.

(79) Antoine-George Louvier est né à la Guillotière, le 23 mai 1818.

(80) Marin, né en 1754, est mort à Paris le 18 septembre 1834.

(81) Jean Legendre-Hérald, né à Montpellier le 3 janvier 1795, est mort à Paris le 13 septembre 1852.

(82) Léopold-Marie-Philippe de Ruolz est né à Francheville (Rhône) le 14 février 1805.

(83) Pierre Fabisch est né à Aix (Bouches-du-Rhône) le 19 mars 1812.

C'est à Bonnefond que l'on doit la création de la classe de gravure, où fut installé Vibert (84) en 1833, et depuis cette époque, la patrie des Audran a fourni toute une pléiade de graveurs d'un mérite incontesté. M. Danguin, son élève, l'a remplacé après sa mort, en 1860.

Baraban et Bony n'avaient fait que passer à la direction de la classe de la fleur; en 1811, elle fut confiée à Berjon (86). Thierriat (87) l'y remplaça en 1823 et pendant trente ans il y a préparé une pépinière de peintres et de dessinateurs habiles. M. Reignier (88) est actuellement en fonctions.

Voyons à son tour la classe de composition et de mise en carte pour la fabrique.

Commencée par Leclerc en 1807, elle ne s'affirma qu'en 1810 avec Fayolle (89). En 1812 elle se divisa en deux et l'on forma celle de fabrication qui disparut en 1813. Dès lors cette classe fonctionna régulièrement et elle a rendu des services éminents à notre fabrique. Si les élèves qui y entraient avaient pu faire, auparavant et en même temps que la fleur, l'étude sérieuse de l'ornementation, il n'est pas douteux, à notre avis, que nous eussions transformé le façonné au gré de la mode, étudié les styles, profité de l'archéologie et conservé le monopole de la fabrication de toutes les étoffes de soie. Mais, comme l'a dit Bonnefond, l'enseignement de l'ornementation était nul (90).

(84) Victor Vibert, né à Paris le 17 septembre 1799, est mort à Lyon le 18 mars 1860. (Voir son Éloge par E.-C. Martin-Daussigny).

(85) Jean-Baptiste Danguin est né à Frontenas (Rhône) le 3 mai 1823.

(86) Antoine Berjon, né à Lyon le 17 mai 1753, est mort le 24 octobre 1843.

(87) Alexandre-Augustin Thierriat, né à Lyon le 11 mars 1789, y est mort le 14 avril 1870.

(88) Jean-Marie Reignier est né à Lyon le 3 août 1815.

(89) La classe de mise en carte fut supprimée en 1825, à la mort du professeur Fayolle. Elle était censée se faire avec celle de composition ; mais on peut dire que depuis cette époque elle a cessé d'exister.

(90) Cet enseignement se bornait alors à copier des ornements qui ap-

Les successeurs de Fayolle ont été Lepage, Meunier et Tuffet; à la mort de ce dernier (1854) la classe ne fut pas rétablie ; elle était tombée à 9 élèves.

On a reproché à cette classe, non sans raison, d'avoir cessé, après Fayolle, la pratique de la mise en carte; les élèves, trop préoccupés de la composition, oubliaient d'étudier les secrets de la fabrication et la possibilité matérielle de transporter leurs idées sur l'étoffe. En adoptant une trop grande variété de tons, ils négligeaient ce côté important de l'art du dessinateur qui est de faire beaucoup d'effet avec peu de frais, et ils se réduisaient à produire, non des étoffes, mais des sortes de tableaux de fleurs ou de papiers peints, fausse imitation de la nature.

La classe d'ornementation avait été au début, en 1807, réunie à celle de la fleur sous Baraban et sous Bony, et nous devons reconnaître qu'avec de tels maîtres elle pouvait créer des dessinateurs habiles à unir dans les étoffes la fleur à l'ornement. Nous ne savons donc trop pourquoi Berjon, en 1811, la laissa aller à devenir comme une deuxième section de l'architecture. Aussi elle fut pour ainsi dire annulée pendant plus de trente ans. Bonnefond, directeur de l'École, s'est chargé de tracer cet historique déplorable dans un discours qu'il prononça à la distribution des prix de 1834 : « Il est difficile de

---

partenaient à l'architecture antique, et cela avait introduit la froideur dans les étoffes. M. de Brosses, préfet du Rhône, dans un discours à la distribution de 1823 (pourtant si glorieuse puisqu'on y couronna pour la première fois Auguste Flandrin, Simon Saint-Jean et Pierre Baron), disait : « Peut-être ne devions-nous pas, par un autre abus, transporter sur nos étoffes légères, souples et brillantes, les contours froids et sévères, les couleurs métalliques et peu nuancées des ornements consacrés depuis longtemps à la décoration des frises et des soffites de nos temples...... C'est à vous, jeunes élèves de la classe de fleur si intéressante pour nous, qu'il appartient de répondre à ces reproches.... » Hélas ! l'étude de l'archéologie et des étoffes des autres pays était encore à l'état de lettre morte ; les jeunes dessinateurs rejetés du rinceau *empire*, se portèrent exclusivement sur la fleur et oublièrent les la Salle et les Bony.

comprendre » dit-il « pourquoi et comment la classe de la composition d'ornement, si utile aux progrès de notre industrie, n'a pour ainsi dire existé que de nom depuis 1807 jusqu'en 1830. Pendant ce long espace de temps, trois ou quatre élèves seulement ont occupé les bancs de cette classe dans laquelle ils ne trouvaient, pour unique moyen d'apprendre cet art si difficile, que quelques gravures d'après des fragments antiques tellement mutilés, qu'il leur était absolument impossible d'en tirer le moindre fruit. C'est ainsi qu'avec une répugnance facile à concevoir de la part des élèves, ils passaient le temps exigé par le règlement pour cette étude, à noircir inutilement du papier.

Ce n'est que depuis quelques années, et afin de détruire cette erreur trop accréditée à Lyon que notre École ne saurait fournir d'habiles déssinateurs pour le genre appelé meuble, que nous avons obtenu pour cette classe des modèles complets et au trait.... (91). »

L'étude de l'ornementation a subsisté parallèlement avec celle de l'architecture, conservant une certaine importance, jusqu'en 1841, et depuis elle n'a presque plus figuré. Cette section s'appliquait plutôt à former des peintres décorateurs qu'à rechercher l'application à toutes les industries et comme en même temps les classes de fleur et de composition pour la fabrique ne s'en occupaient qu'accessoirement, on peut affirmer que l'étude et la composition spéciale de l'ornementation au point de vue industriel ont été insuffisants jusqu'en 1858.

Bonnefond, auquel notre École doit tant, préoccupé avec raison de cet état de choses empiré par l'anéantissement de la classe de composition et mise en carte pour les étoffes de soie, proposa la création d'une classe spéciale d'ornementation.

---

(91) 2 septembre 1834.
Ces modèles au trait ont été exécutés par le peintre décorateur Frédéric et existent encore dans le matériel de modèles de la classe d'architecture.

C'est ce qu'on eût dû faire depuis 1811, époque où Berjon (92) avait laissé séparer l'étude de l'ornementation de celle de la fleur. Cette classe fut confiée à Jourdeuil et réunit tout de suite 25 élèves ; elle a atteint le maximum de 43 élèves en 1861, alors que l'École en avait environ 130 ; ce chiffre n'est plus à présent que de 30 à 35 sur un nombre total de 110 élèves (93).

Les élèves de la classe d'ornementation appliquée aux beaux-arts et à l'industrie sont répartis en trois divisions correspondant à peu près à l'avancement des autres classes de l'École.

Ceux de la troisième, élèves pour la plupart des classes préparatoires de principes et bosse, dessinent d'après des modèles et d'après les plâtres ; ceux de la deuxième, déjà entrés dans les classes spéciales, partagent leur temps entre le travail que nous venons d'expliquer et les compositions élémentaires ; ceux de la première division enfin complètent leurs études soit par des dessins plus difficiles et relatifs à l'application industrielle de la spécialité à laquelle ils se destinent, soit par des compositions sur les objets variés que l'art et l'industrie actuelle peuvent demander : décoration, tentures, orfévrerie, meubles, céramique, bronze, etc., etc.

Reconstituer et maintenir ce vaste enseignement telle est la lourde charge qui nous a été confiée ! Le concours seul de nos collègues si distingués et de tous les industriels lyonnais,

---

(92) Les dessins de compositions que Berjon a laissés et dont un recueil intéressant figure au musée d'art et d'industrie ne comportent que de la fleur sans ornements. Pourtant Berjon connaissait, mieux qu'un autre, tous les secrets de l'ornementation. Avait-il voulu se restreindre à la fleur seule pour lui donner plus d'essor ou subissait-il trop fortement un système imposé par le goût du jour ? Nous ne pouvons rien préciser à ce sujet.

(93) Remarquer que cette classe est annexe aux autres et que ses heures sont différentes ; en conséquence les élèves qui ne peuvent pas suivre les cours du matin y sont néanmoins admis.

intéressés à l'accomplissement de ce programme, pourra aider notre bonne volonté et suppléer à nos forces (94).

Nous devons noter, pour ne rien omettre, les cours si utiles de géométrie descriptive et de perspective où se sont tour à tour succédé Mollet (95) et Prévost jusqu'à M. Girardon, actuellement titulaire, et celui d'anatomie appliquée aux beaux-arts professé par Trolliet (96), Mouton-Fontenille (97) Clerjon (98), M. Jourdan en 1832 et M. Tripier en 1870.

Le directeur actuel de l'École est M. Caruelle d'Aligny (99).

Les recherches au sujet des élèves qui ont, chaque année, fréquenté l'École sont difficiles, attendu que les registres de contrôle depuis 1807 jusqu'en 1825 n'existent plus. Nous avons trouvé dans quelques procès-verbaux des jurys des récompenses le nombre de concours présentés.

En 1813, année où les principales illustrations artistiques lyonnaises de ce siècle étudiaient encore, le nombre des concurrents fut de 66; en 1828 il fut de 113 (quoiqu'il y eût 230 élèves incrits).

On possède un registre par ordre d'inscription à dater du 5 novembre 1825 jusqu'au 15 décembre 1839, dans lequel on a reporté au 30 décembre 1826 tous les élèves de l'École, inscrits antérieurement, qui s'y trouvaient à cette époque. Il résulte des recherches auxquelles nous nous sommes livré sur ce do-

---

(94) Etienne-Léon-Gabriel Charvet, né à Lyon le 15 mai 1830, a été nommé le 28 novembre 1868.

(95) Joseph Mollet, né le 5 novembre 1793, à Aix en Provence, y est mort le 30 janvier 1829.

(96) Louis-François Trolliet, né à Vignieu (Isère), est mort à Alger le 1er décembre 1852.

(97) Jacques-Philippe Mouton-Fontenille de la Clotte, né à Montpellier, est mort le 22 août 1837.

(98) Pierre Clerjon, né à Vienne le 7 mars 1800, est mort à Lyon le 20 février 1832.

(99) Claude-Félix-Théodore Caruelle d'Aligny, né au château de Chaumes Nièvre, le 24 janvier 1798, a été nommé directeur, le 21 janvier 1861.

cument qu'à cette date (30 décembre 1826) il y avait 210 élèves. En 1827 (100) il y en avait 250 ; en 1828, 230 ; en 1829, 225 ; en 1830, 210.

Les registres de contrôle de 1837 accusent 250 élèves ; ce chiffre descend à 180 en 1847. En 1848, il est encore de 160, mais il tombe à 150 en 1851 pour se relever à 192 en 1856.

En 1866 il est tombé à 80 ; depuis, il semble remonter puisqu'il est actuellement à 110.

La période la plus florissante, *comme nombre*, est donc 1827, puis de 1835 à 1845, et à cette époque les élèves des classes de la fleur et de la composition pour la fabrique atteignaient ensemble le chiffre de 60 sur 250, soit, 40,16 p. % (101).

En 1860 les élèves des classes de fleur et de l'ornementation sont de 40 sur 135, soit 33,75 p. %.

En 1870 ceux des mêmes classes sont de 35 sur 110, soit 31,43 p. %.

Ces chiffres démontrent que les classes d'application à l'industrie n'ont pas sensiblememt varié vis-à-vis du personnel total de l'École. S'il s'est produit un trop grand nombre d'artistes, d'architectes ou de dessinateurs en 1840 et en 1856, au moment où la fabrique et les travaux publics étaient très actifs, il y a eu ralentissement obligé en 1850 et en 1865 soit par l'encombrement des carrières, soit par d'autres causes (102) ; aussi peu à peu, les besoins se faisant sentir, de nouveaux jeunes gens se présentent pour l'étude du dessin et des beaux-arts.

(100) Ces recherches sont longues et pénibles, attendu qu'il faut noter l'entrée et la sortie de chaque élève dans un tableau dressé *ad hoc* par années. C'est pour cela que nous ne les avons poussées que jusqu'à 1830.

(101) En 1810, il y avait 18 concurrents de fleur ou mise en carte, sur 66 concurrents, soit 36, 66 p. % ; en 1828, 30 sur 113, soit 37, 66 p. %.

(102) La Société d'enseignement professionnel a ouvert ses cours du soir en 1865.

Quelques personnes ont cru que l'ouverture de l'École de la Martinière avait porté un certain préjudice à celle des beaux-arts ; c'est une erreur, car jamais l'École ne fut plus nombreuse qu'à l'époque de cette création ; seuls les cours d'adultes ont pu faire quelque chose dans ce sens. On a conseillé à l'École des beaux-arts d'imiter cette heure d'enseignement et d'avoir des cours du soir ; il est certain qu'avec le local et le personnel dont elle dispose, elle réunirait un grand nombre d'élèves. Néanmoins nous le déconseillons pour toutes sortes de raisons, dont la principale est que là encore les jeunes gens ne pourraient avoir qu'un enseignement insuffisant et déserteraient d'une manière irréfléchie les cours du jour qui s'en trouveraient affaiblis. A notre avis, il convient de conserver un ensemble d'études convenable, complet et supérieur, et d'écarter avec vigueur toute demi instruction des arts du dessin qui ne peut être qu'un piége pour tous, élèves, parents et professeurs.

Les cours de l'École sont entièrement gratuits ; il n'y a aucun droit d'inscription à payer ; l'assistance y est obligatoire.

La seule peine employée est le renvoi, avec cette clause que l'élève ne pourra rentrer qu'accompagné de ses parents. L'exclusion complète n'a pour ainsi dire jamais été employée, bien qu'elle soit dans le règlement ; dans tous les cas, elle ne peut être prononcée que par l'autorité supérieure.

Les récompenses y sont sagement graduées. Les prix de fin d'année sont délivrés par les soins d'un jury spécial choisi avec attention. Ce jury délibère avec une certaine solennité sur des concours dont les noms d'auteurs sont cachetés et sans l'intervention des professeurs, qui ne peuvent à aucun titre assister aux délibérations, pas plus qu'ils n'ont dû mettre la main aux ouvrages des élèves.

Une expérience de près de 70 années a démontré la sagesse et la portée de ce jugement solennel dont on ne saurait modifier l'organisation sans danger.

Chaque division ou section exécute, d'une manière absolue, la même copie, le même plâtre, la même académie, ou traite le même sujet de composition et on ne voit pas là, comme dans certains établissements, chaque élève choisir, pour son dessin de fin d'année, le genre et l'objet qui lui sont le plus faciles. Il est vrai que le jury ne peut tenir compte des progrès réalisés, il déclare purement et simplement celui qui a fait le mieux ; aussi les professeurs ont à leur disposition des médailles pour l'encouragement des élèves dont l'avancement et l'application ont été exceptionnels ; du reste, ceux qui font réellement des progrès persistent une ou deux années de plus et finissent par remporter la couronne (103).

Jusqu'en 1831, les tableaux et dessins des élèves qui avaient été couronnés devaient, conformément à l'article 60 du règlement des établissements publics du Palais-des-Arts, être tous exposés. Par un arrêté du 19 janvier, le maire Terme décida que les ouvrages couronnés seraient exposés, pendant un an, dans les classes et que les mentions seraient rendues à leur auteur après ce délai.

La conservation de ces ouvrages, après un an, était confiée aux professeurs, qui devaient les placer dans leur cabinet et faire déposer ceux jugés trop faibles à la bibliothèque de l'Ecole.

Nous serions heureux de voir consacrer une galerie spéciale à l'exposition de ces œuvres successives où les Lyonnais et la jeunesse artistique actuelle retrouveraient tous les noms des artistes qui ont fait depuis la réputation de l'Ecole lyonnaise.

---

(103) L'on devrait consacrer tous les ans une somme suffisante pour entretenir à Paris, à l'Ecole impériale et spéciale des beaux-arts, les lauréats les plus remarquables désignés par le jury dans les classes d'architecture, peinture, gravure et sculpture, ainsi que cela s'exécute pour l'Ecole des beaux-arts de Toulouse. Ce serait, en même temps, et un puissant moyen d'émulation et une certitude de perfectionnement pour quatre artistes d'avenir par an.

Lorsque le directeur actuel fut nommé, les salles consacrées, dans l'Ecole, aux modèles en plâtre étaient à peu près vides ; c'est à ses soins et sur ses demandes, plusieurs fois renouvelées auprès du ministre d'Etat ou du ministre de la maison de l'Empereur et des Beaux-Arts, qu'on doit la collection actuelle qui, comme importance, ne le cède qu'à celle de l'Ecole impériale des Beaux-Arts de Paris. Cette collection pourrait encore s'enrichir de nouveaux spécimens, si les deux salles supérieures, placées sous les toits, étaient surélevées et arrangées de manière à pouvoir les contenir.

L'Ecole possède une bibliothèque spéciale pour l'usage journalier de l'enseignement, dont la création date de l'année 1862 et qui est due aussi à l'initiative du directeur actuel. Chaque année cette bibliothèque s'enrichit par les dons que lui octroie le ministère et parfois aussi par les achats d'œuvres artistiques de différents genres, que permettent de faire quelques économies sur le budget de l'Ecole.

Ainsi, l'Ecole impériale des Beaux-Arts de Lyon fournit un ensemble de moyens d'instruction que lui envient bien des villes ; on l'oublie trop dans la nôtre, et nous nous permettons de le rappeler : il est à la fois préparatoire et spécial ; il serait, en quelque sorte, supérieur pour toutes les classes si les élèves y persistaient pendant cinq ans.

Les deux classes de principes, dans la première année, préparent aux autres cours, donnent aux jeunes élèves de fortes notions préliminaires et les conduisent inclusivement jusqu'à la bosse, tête ou figure entière. Ces cours occupent, tous les jours non fériés, cinq heures de la matinée. En même temps et parallèlement se trouvent les cours annexes d'ornementation, de géométrie descriptive, de stéréotomie, de perspective et d'anatomie appliquée aux beaux-arts. C'est cinquante quatre heures d'étude par semaine. Les cours de principes et bosse sont obligatoires pendant un an pour l'entrée des classes de figure, architecture, fleur, gravure et sculpture, à moins que l'élève ne justifie (ce qui est assez rare), qu'il possède une habileté égale à celle qu'il y pourrait acquérir pendant ce laps de temps.

Dès la seconde année les élèves ont choisi leur spécialité et peuvent se livrer à l'étude avec d'autant plus de facilité que leurs cours de principes ont été sérieux. Les mêmes cours annexes que nous avons énoncés, augmentés du modèle vivant, le soir pendant l'hiver, se poursuivent simultanément, et si l'élève peut profiter des deux années nécessaires pour franchir les deux divisions dont se compose chacune de ces cinq spécialités, on peut affirmer qu'il sait déjà beaucoup. Pendant trois années, il a consacré, plus ou moins, neuf ou dix heures à l'étude, et, en vérité, on ne saurait exiger plus.

8° ÉCOLE CENTRALE LYONNAISE.

(Enseignement technique supérieur).

Cette École, fondée en 1857, a pour but de donner aux jeunes gens l'enseignement supérieur industriel (104). Elle ne reçoit que des élèves externes âgés de 16 ans au moins, après avoir

---

(104) Cet établissement s'intitule bien : Ecole Centrale Lyonnaise pour l'industrie et pour le *commerce* ; mais il faut reconnaître qu'il est, par son programme même, exclusivement industriel et nullement commercial ; la comptabilité et la tenue de livres, la correspondance commerciale, le droit commercial, la géographie commerciale, l'histoire du commerce, la législation douanière, l'économie politique, les comptoirs de fils, tissus, marchandises diverses et banques, ne figurent pas dans son enseignement.

subi deux examens, l'un oral et l'autre écrit, conformes à un programme d'admission déterminé.

Le prix de l'enseignement est de 700 francs : la durée des cours est de huit heures environ, cinq fois par semaine, et de trois heures le jeudi, soit ensemble 43 heures par semaine. Cette Ecole, qui répondait à un besoin important de notre ville, atteint environ 50 élèves.

Il serait fort désirable qu'il en existât une pour donner l'enseignement supérieur commercial, ainsi que l'a si bien démontré M. Morand, dans un travail spécial couronnée par la Société des sciences industrielles, et que la direction morale n'en fût pas totalement éliminée.

Les élèves y pratiquent, pendant 10 heures par semaine, l'étude du dessin géométrique.

A

Tableau du nombre des élèves des cours spéciaux de dessin géométrique de Lyon.

NOMS DES ÉTABLISSEMENTS	NOMBRE d'élèves	NOMBRE des HEURES d'étude par semaine.	Produit des heures d'étude par semaine et par établissement.
Ecole de la Martinière : Dessin géométrique, 1re et 2e année	324	7 1/4	2349 } 2409
3e année	12	5	60
Enseignement professionnel Dessin pour les mécaniciens	32	4	128
Ecole des Beaux-Arts : Géométrie descriptive et perspective	30	3	90
Ecole centrale	50	10	500

B

Tableau du nombre des élèves des cours spéciaux de dessin d'art de Lyon.

GARÇONS

NOMS DES ETABLISSEMENTS	NOMBRE d'élèves	NOMBRE des heures d'étude par semaine	PRODUIT des heures d'étude par semaine
Société d'instruction primaire. (105) Cours de dessin..................	180	6	1080
Société d'enseignement professionnel : Cours de dessin..................	40	4	160
Ecole la Martinière : Elèves de modelage et de sculpture pendant 10 mois).................	75	6 1/2	488
Ecole des beaux-arts : Cours principaux (9 mois)..........	110	27	2970
Cours annexes : Ornementation (9 mois)..............	30	15	450
Modèle vivant (6 mois)...............	25	12	300
Pour mémoire : Géométrie descriptive et perspective (9 mois)................................	(30)	(3)	
Anatomie comparée (6 mois)	60	2	120
			3840

FILLES

Enseignement secondaire.............	20	9	180
Société d'instruction primaire : 1er cours.......................	50	7 1/2	375
2me cours.......................	40	6	240

(105) Plusieurs Élèves de ces cours ne font que du tracé géométrique.

En résumé, les divers établissements que nous venons d'examiner fournissent, au point de vue de l'application des beaux-arts à l'industrie, les avantages suivants :

1° Les jeunes gens qui ont fréquenté les écoles primaires et qui veulent être ouvriers d'état trouvent, pendant et après leur apprentissage, aux cours d'adultes de la Société d'enseignement primaire et à la Société d'enseignement professionnel, le genre de dessin d'art ou géométrique qui convient à la profession qu'ils ont embrassée. Ils peuvent ainsi développer leur goût et perfectionner des études de dessin nécessairement incomplètes : mais il leur faudrait abandonner l'atelier pour arriver plus avant, à moins d'efforts surhumains.

2° Les jeunes gens auxquels la position de leur famille permet de poursuivre leurs études quelques années après 12 et 13 ans, trouvent à la Martinière un véritable enseignement professionnel à la fois technique et scientifique, applicable à toute industrie. Généralement le choix d'une carrière s'y fait librement et avec sûreté, et ceux qui y obtiennent quelques succès n'ont plus qu'un stage à faire à l'atelier ; ils seront contre-maîtres, dessinateurs ou patrons. Ces élèves fournissent une faible part à l'industrie artistique, et si l'état qu'ils embrassent se rattache aux beaux-arts, ils ont à se perfectionner sur le dessin d'art dans les cours du soir des deux sociétés dont nous avons parlé.

3° Quant aux jeunes gens qu'un goût plus ou moins réfléchi porte aux carrières des beaux-arts, c'est à l'Ecole des Beaux-Arts qu'ils entrent en sortant soit des écoles primaires, soit de la Martinière, soit du Lycée, soit des établissements libres. Un nombre relativement très-restreint se destine aux beaux-arts appliqués à l'industrie ; ceux qui entrent trop jeunes progressent lentement et se trouvent paralysés par le défaut d'une instruction générale suffisante. Les élèves de la Martinière se sont fait remarquer parmi les meilleurs, pour leur aptitude dans les mathématiques, dans le tracé et le dessin, mais la composition leur est plus difficile, faute d'études littéraires et historiques qui aient éveillé leur imagination.

Ce résumé montre victorieusement, selon nous, que nos ressources pour l'enseignement des arts du dessin sont suffisantes, et que sans autre sacrifice que celui d'une perte de temps, un jeune homme peut posséder, à l'âge de dix-huit ou vingt ans, des notions de dessin ou d'art industriel qui lui permettent de gagner honorablement sa vie. L'enseignement des beaux-arts appliqués à l'industrie est donc distribué à Lyon aussi libéralement que possible.

CHAPITRE IV.

Méthodes d'enseignement.

On vient de voir défiler, sous la nomenclature de ces précieux arsenaux de l'art, cette intelligente armée de la paix et de l'avenir. Examinons maintenant en quoi l'on peut améliorer, puisqu'il ne reste rien à créer.

Et d'abord, déclarons bien haut qu'il importe, avant tout, de laisser aux conseils d'administration de ces intéressants établissements, le plein et entier arbitre de la direction à donner.

S'ils croient, avec la foi du désintéressement, qu'ils sont dans le vrai, et que l'établissement confié à leur sollicitude est dans la voie véritable, de même que s'ils ne s'aperçoivent pas qu'ils dévient, ce n'est pas nous qui avons le droit de les critiquer ou de leur faire un procès de tendance ; c'est tout au plus si nous pouvons hasarder un conseil.

Le but est pour tous le même : la prospérité de l'industrie

lyonnaise ; sur ce terrain on est sûr de se rencontrer dans le désir du vrai, dans l'utile et dans le beau.

N'imitons pas l'administration française qui, en général, et et avec l'intention de faire le bien, réalise chaque jour nombre de bonnes choses, mais aussi, par son intervention dans tout, paralyse l'initiative individuelle.

Si donc nous essayons de fournir quelques opinions sur les méthodes d'enseignement, c'est au point de vue général et sans intention de les recommander à une école plutôt qu'à une autre. Nous présentons à titre de renseignements à consulter ce que nous avons recueilli dans quelques écrits et dans nos observations personnelles.

*
* *

1° *Dans la plupart des établissements d'enseignement primaire et secondaire, le dessin est enseigné à raison de deux à trois heures environ par semaine. C'est peu, ce n'est presque rien.*

Le dessin de la figure y est généralement faible, et l'on doit s'y attendre, soit en raison du peu de temps employé, soit parce qu'on le considère comme art d'agrément (106).

Le tracé linéaire géométrique (107) y est insuffisant pour des élèves qui souvent étudient des questions ardues de mathématiques, pour lesquelles ils devraient au moins pouvoir faire des tracés exacts et corrects. De plus, on se demande

---

(106) M. Guillaume, membre de l'Institut, directeur de l'Ecole spéciale et impériale de Paris, disait, dans une conférence faite à l'union centrale, le 23 mai 1866 : « Il faudrait trouver le moyen de faire cesser le malentendu qui dans ces grandes Ecoles (les lycées), semble reléguer tout ce qui touche aux beaux-arts dans le domaine de l'agrément, et qui laisse ainsi sans préparation et sans culture tout un côté des esprits. »

(107) Nous entendons par *tracé linéaire géométrique* ce qu'on nomme ordinairement à tort dessin linéaire.

pourquoi les idées générales de l'art ne sont pas exposées là où l'enseignement littéraire, philosophique et scientifique prépare si heureusement les esprits à les recevoir (108).

On va nous objecter qu'il ne s'agit pas ici d'élèves préparés pour l'application des beaux-arts à l'industrie. Cela peut paraître vrai au premier examen ; cependant on doit admettre qu'une grande partie de jeunes gens élevés dans ces établissements, finit par se trouver à la tête de grandes entreprises industrielles. Il convient donc qu'ils soient mis au courant des notions principales des beaux-arts.

Ici se place un fait important, observé par ceux qui ont étudié ces questions, et qui mérite un examen approfondi :

Les jeunes gens qui se destinent aux beaux-arts ou à leur application appartiennent, pour le plus grand nombre, à des familles peu fortunées et sont ordinairement dépourvus d'études littéraires et historiques. Ce défaut d'instruction première réagit sur leurs travaux d'école et trop souvent sur leur avenir ! Leur intelligence, éveillée uniquement sur le côté plastique et matériel des beaux-arts, reste paresseuse dans le domaine de la pensée et de l'imagination ; la création de leurs œuvres s'en trouve dans la suite alourdie, sinon paralysée.

Croire que les jeunes gens appartenant à la classe aisée et ayant fait des études complètes sont plus habiles et mieux doués, ce serait dépasser notre pensée ; il faut convenir, cependant, qu'ils saisissent plus vite les différences d'époques et de genres, que leurs compositions sont plus élégantes et moins banales, leurs dessins plus corrects et moins négligés.

Cet indice nous montre une lacune à combler. Les professeurs doivent insister auprès de leurs élèves pour qu'ils visitent assidûment les musées et remplacent par des lectures des bons ouvrages ce qu'ils n'ont pu apprendre ; ils doivent accom-

---

(108) *Discours de M. Guillaume à la distribution des récompenses aux lauréats de l'Exposition des beaux-arts appliqués à l'industrie* en 1865.

pagner leurs leçons techniques de quelques notions sur l'histoire de l'art et développer dans leur esprit l'amour du grand et du beau.

Dès que ces jeunes intelligences auront surmonté l'étourderie et l'insouciance de leur âge et qu'ils auront compris qu'ils pourront occuper une place sérieuse dans le monde artistique et industriel en possédant des notions précises des formes qu'ils auront à créer ou à imiter, et que leur main adroite, guidée par un œil exercé, tracera sans peine ces formes sur le papier, ces jeunes intelligences, disons-nous, deviendront des élèves sérieux et marcheront à grandes enjambées vers le but désiré.

Les laisser péniblement copier et recopier des modèles en se bornant à leur signaler les dissemblances qui existent entre la copie et l'original, c'est les lasser inutilement par un travail qui finit par leur sembler purement mécanique. Paresseux, ils restent en route ; laborieux, ils ne produisent que des mains habiles incapables de création.

L'on est donc généralement d'accord à présent et nous insisterons sur ce point : « c'est que les travaux les plus utiles à introduire et à faire prévaloir dans les écoles sont ceux qui dépassent la copie textuelle purement et simplement dessinée ou sculptée d'après le modèle, c'est qu'il faut arracher le jeune dessinateur à la routine qui limite l'étude à la *reproduction*, et que pour obtenir des progrès, développer le sentiment de l'individualité chez l'élève, il faut laisser à sa liberté d'interprétation une certaine latitude (109). » Les dessins exposés en 1869 à l'Union centrale l'ont prouvé surabondamment.

Nous expliquerons plus loin qu'il est un moyen puissant de réagir sur l'intelligence des élèves, lequel est pratiqué à l'Ecole des Beaux-Arts de Lyon, et qui a donné d'éclatants et incontestables résultats.

---

(109) J. Grangedor. *Les Écoles de dessin en France*.

* *

2° *De la distinction à faire entre le tracé et le dessin linéaire et géométrique ; le dessin géométrique doit-il précéder ou suivre le dessin de la figure ?*

Dans la plupart des établissements l'on enseigne ce que l'on nomme le dessin linéaire. Par ces mots on entend généralement des traits ou du lavis exécutés d'après des modèles faits à la main ou gravés.

Il importe de distinguer :

Tracer sur mesure n'est pas dessiner (110), c'est tracer ; l'œil n'y est pour rien et la main pour tout. C'est pour cela que nous établissons une distinction entre le *tracé* linéaire et géométrique et le *dessin* linéaire et géométrique.

Il est un moyen certain d'empêcher toute confusion à cet égard dans l'esprit des élèves, c'est de leur enseigner d'abord le procédé manuel des traits exécutés avec l'aide du crayon et du tire-ligne dirigés par le T, la règle et l'équerre, ainsi que le lavis par teintes plates en leur faisant copier, *en mesurant*, des figures géométriques régulières et dans le même plan, et en évitant, avec le plus grand soin, tout ce qui est perspectif ou modelé.

Nous ajouterons même, qu'à notre avis, cette nature d'enseignement (qui n'est pas du dessin, nous le répétons, mais du tracé) devrait suivre de très-près l'enseignement de l'écriture dans tous les établissements d'instruction en général. On faciliterait singulièrement ainsi la confection des cartes géographiques et des figures de géométrie élémentaire.

---

(110) Il y a lieu cependant à faire une réserve pour les dessins d'objets symétriques, tels que les profils d'architecture non tracés avec des courbes géométriques, et certains ornements.

Le véritable dessin linéaire et géométrique est celui qui est enseigné à l'Ecole de la Martinière et dans certains établissements des frères de la doctrine chrétienne. Ce dessin est exécuté à main levée et sur l'ardoise sans le concours d'aucun instrument, règle ou équerre, d'après des modèles en laiton, d'abord et en relief ensuite. Les élèves se rendent ainsi parfaitement compte des positions respectives des lignes en perspective, des rapports, des distances et du modelé réel des ombres qu'ils étudient ensuite d'après les procédés géométriques. Les projections, les courbes et les ombres compliquées leur deviennent un jeu lorsque ensuite ils sont appelés à les tracer avec des instruments et des couleurs sur le papier.

Ce genre de dessin devrait également être enseigné dans toutes les écoles où des jeunes gens se destinent à l'industrie et aux beaux-arts (111).

Quelques professeurs admettent, avec une apparence de raison, que le dessin de la figure, d'après des modèles et d'après la bosse, atteint le même but et forme suffisamment les yeux des élèves à se rendre compte des proportions relatives. Cela est vrai pour former l'œil, mais ce dessin seul ne conduira jamais qu'à faire de la figure et deviendra insuffisant pour les arts industriels s'il n'est accompagné du dessin en perspective de figures géométriques, puis du dessin d'ornementation, soit en projection verticale, soit d'après le plâtre.

Voici pourquoi :

La figure humaine et même le paysage et la fleur ne se traduisent sur le papier que par des lignes représentant, en définitive, un contour extérieur et ensuite des formes accentuées par des oppositions de lumière et d'ombre. Nous laissons la couleur de côté. C'est évidemment un travail des plus difficiles pour un élève, en outre de la mise en proportion des masses

---

(111) « Une nation où l'on apprendrait à dessiner comme on apprend à écrire, l'emporterait bientôt sur les autres dans tous les arts du goût (Diderot). »

entre elles, d'apprendre à choisir les linéaments préférables pour qu'un trait produise à l'œil l'effet de la forme cherchée. Même chez une certaine catégorie d'élèves, ce choix de la ligne à tracer devient pour le professeur un enseignement excessivement difficile à exprimer avec la parole, même aidée par le crayon. Nous ne savons si nous-même nous sommes compris par nos lecteurs sur cette question si ardue.

Eh bien, disons-nous, la figure humaine, le paysage et la fleur, en un mot toute l'œuvre de l'Eternel, ne présentent à l'œil que des lignes symétriques sans être absolument semblables, courbes sans procéder d'une donnée géométrique, et enfin variables à l'infini dans chaque objet, tel qu'une figure, une montagne ou une feuille.

L'élève qui les reproduit n'a à s'occuper que d'une manière accessoire de ce linéament qu'on nomme trait; son dessin restera ce qu'il est pour le spectateur qui en éprouve une impression bonne ou mauvaise, selon que les proportions auront été bien conservées et que l'œil de l'exécutant aura saisi les lignes et accidents les plus capables d'impressionner (112).

Il résulte donc de tout cela, que l'élève qui dessine d'après la bosse ou d'après le modèle, homme, nature ou fleur, vise, en définitive, au portrait ou au tableau : il élague certains détails ; grossit, amincit ou multiplie ses lignes : tout est bon et beau si l'effet produit est satisfaisant et si l'objet à représenter est ressemblant ; l'œuvre est finie.

Mais si au lieu d'avoir à reproduire une tête, une montagne ou une fleur, cet élève, habile et exercé dans cette étude, est appelé à tracer, sans y avoir été préparé par du dessin géométrique à main levée, quelque objet précis, comme la spirale d'un ressort, l'ellipse que produit l'extrémité d'un cylindre vu en perspective, une palmette grecque, un rinceau renaissance, toutes choses qui doivent être délimitées par un

---

(112) Ainsi, dans les travaux à l'estompe, le trait qui a servi à esquisser disparaît pour faire place à des oppositions de clair et d'ombre.

trait précis, net et égal, oh! alors sa main devient rebelle, son tracé est inégal, lourd et maladroit, ses spirales sont difformes, son ellipse ventrue, sa palmette échevelée et son rinceau décousu. Nous en faisons l'expérience tous les jours.

On va nous dire que cet élève se fera plus vite qu'un autre à ce nouveau genre de dessin ; c'est une erreur. Nous avons précisément observé le contraire.

Le pli est pris et il en est comme du cavalier qui a mal appris à monter à cheval ; il faut plus de temps pour bien faire son apprentissage que s'il n'avait jamais vu un cheval de sa vie.

En thèse générale, nous disons cela pour nous faire comprendre de tous, nous avons constaté que les meilleurs élèves de ceux qui se destinent aux beaux-arts appliqués à l'industrie, sont ceux qui ont appris du dessin géométrique *avant* de faire de la figure.

Avoir été formé à voir et à dessiner à main levée des cubes, des cônes, des polyèdres, des machines ou de l'architecture placés dans l'espace, cela prépare admirablement à la figure.

Disons aussi que les élèves qui n'ont fait que du dessin géométrique sont à leur tour incapables de dessiner une tête gracieuse ou un chapiteau, s'il n'ont fait un cours de figure et d'ornementation. Mais, à l'inverse de ceux qui ont débuté par la figure, leurs progrès sont alors merveilleux (113).

Nous signalons ces observations positives et nous posons les conseils suivants :

1° *Il serait bon que les élèves qui se destinent aux beaux-arts appliqués à l'industrie puissent recevoir, à la fois et*

---

(113) Dans le programme de l'enseignement des beaux-arts appliqués à l'industrie de l'*Art departement* anglais *(Art directory with regulations for promoting instruction in art.* 1869. London, page 33), le tracé linéaire précède tout dessin et l'étude de l'ornementation est constamment menée de front avec celle de la figure, de la fleur et des objets d'histoire naturelle.

simultanément, des leçons de dessin géométrique et de dessin de figure à main levée sans mesurer. 2° *Les établissements d'instruction primaire et secondaire devraient enseigner à leurs élèves, de même que l'écriture, les procédés du tracé géométrique et linéaire comme préparation, soit au dessin d'imitation de la figure, du paysage et de la fleur, soit au dessin d'ornementation.*

*_**

3° *De la distinction à établir entre le dessin employé dans le but seul de reproduire la nature ou de contribuer à la décoration d'une surface, et celui qui n'est qu'un moyen de préparer sur le papier des conceptions qui seront exécutées à l'aide des procédés matériels de la construction ou de l'industrie.*

Pour mieux résumer notre pensée, nous disons que le premier procédé n'est qu'un *résultat*, tandis que le second est un *moyen*.

Au point de vue de l'application des beaux-arts à l'industrie, l'un décore et l'autre crée ; donc ils sont l'un et l'autre indispensables.

En l'état, pendant que le procédé qui décore est arrivé à un degré de perfection qui ne laisse rien à désirer et nous fournit facilement : figures, paysages, fleurs ou natures mortes, le second procédé n'est encore pas généralisé et n'existe que dans la position secondaire et accessoire de collaborateur. C'est de là qu'il importe de le tirer et de l'appliquer à tout et partout.

A une époque où le luxe multiplie les besoins factices et par suite les objets ou les décorations d'une utilité contestable, il importe de répandre, par l'affirmation des beaux-arts, le goût et les formes étudiées.

La passion du jour pour ce qu'on nomme le *bibelot* a déjà eu une influence caractérisée, et certains objets, auxquels la tradition imposait une tournure vulgaire et banale, ont déjà revêtu des formes artistiques : l'horlogerie, la lampisterie et le meuble, mais seulement lorsqu'ils atteignent un certain prix. Dès que l'objet est *à bon marché*, le fabricant se dispense de payer un dessin ou un modèle et s'en tient à une forme commune et généralement admise.

Il résulte donc de ces faits que l'industrie peut fournir encore de la tâche aux beaux-arts, dans le domaine de ce genre de dessin que nous avons nommé : *Le dessin comme moyen de se rendre compte d'avance d'une forme à exécuter*.

Ce dessin est tout de convention : l'objet y est ordinairement représenté au trait avec un modelé très-simple et en projection verticale et horizontale. Dans ce cas, on fournit sur le papier, pour un vase, pour un ostensoir ou pour une chaise, des dessins analogues à ceux que l'on dresserait pour un monument. Tout au plus l'ensemble est-il donné en croquis et en perspective.

Il est donc indispensable à tout dessinateur pour l'industrie d'avoir étudié les mêmes principes élémentaires qu'un mécanicien, un ingénieur ou un architecte, savoir : le tracé linéaire et géométrique (114), le dessin géométrique à main levée, la géométrie pratique et enfin la perspective.

**

4° *Le dessin de l'ornementation est indispensable à toutes les spécialités des beaux-arts.*

Nous touchons ici à une question qui a été malheureusement trop négligée par notre siècle.

---

(114) Voir à cet égard l'opinion analogue émise par M. Lequien père, directeur de l'Ecole communale de dessin de la rue Ménilmontant à Paris, dans l'enquête sur l'enseignement professionnel (tome I, page 207).

Les peintres célèbres ont montré leur excellence par la décoration des parois, des plafonds et des voûtes des édifices. La Cène de Léonard de Vinci, la chapelle Sixtine de Michel-Ange, les *Stanze* de Raphael, la coupole de San Giovanni de Corrége, l'Apothéose de Titien, le plafond de la salle du grand Conseil de Venise de Tintoret, l'Apothéose de Venise de Véronèse, etc., etc., nous montrent les chefs-d'œuvre de la peinture encadrés par l'architecture et exécutés pour un emplacement désigné d'avance.

Le dix-septième et une partie du dix-huitième siècle nous fournissent encore quelques œuvres analogues : mais cet art, relégué aux dessus des portes et des glaces, s'affaiblit et, comme tous les autres, fit naufrage avec la monarchie.

Les architectes du commencement de notre siècle laissèrent à la peinture une place si petite dans leurs compositions, leurs ordonnances de colonnades écrasèrent si bien de leurs plans celles qui furent exécutées, que l'on abandonna en quelque sorte ce genre de décoration, et que le grand maître que nous venons de perdre, Ingres, ne voulait sans doute pas comprendre ce que doit être un plafond ; son Apothéose d'Homère, son Napoléon sont de magnifiques tableaux ; il ne put s'entendre avec le duc de Luynes et l'architecte Duban pour la décoration de la galerie du château de Dampierre.

Depuis quelques années, les peintres ont appris de nouveau à faire de la peinture véritable, celle qui a sa place fixée à l'avance. Pourraient-ils encore, comme Jules Romain, Rosso et Fréminet, mélanger des figures avec des arabesques ? Ce n'est point leur affaire ; ils laissent cela à des ornemanistes et voilà deux mains là où il ne devrait y en avoir qu'une (115). On a placé l'art de la peinture si haut que bien des artistes crient à

(115) Que disons-nous ? N'y a t-il pas encore le *costumier* et le *perspecteur* qui aident au style des costumes et aux lois les plus primitives de la dégradation des plans ? Le sculpteur n'a t-il pas aussi l'ornemaniste et le *poseur de draperies* ?

la profanation si on parle d'un enseignement moins exclusivement artistique dans les écoles des beaux-arts. Les statuaires et les peintres d'histoire seuls existent à leurs yeux, les autres ne sont que des industriels !

Nous protestons, de toutes nos forces, contre ce préjugé classique qui a conduit à la misère tant de jeunes hommes de talent. Non, le tableau de chevalet et la statue ne sont pas plus le but unique du sculpteur et du peintre que le palais n'est celui de l'architecte ! Il n'y a rien de petit et d'industriel pour l'homme de cœur et de talent. Placés sur cette terre pour le travail, artistes, nous devons, comme tout le monde, gagner notre pain, et si, architectes, la plus simple maison nous conduit au palais, de même un panneau de bannière, la décoration d'une assiette, le modèle d'une cariatide ou la composition d'un vase, peuvent mener le peintre et le statuaire à la décoration des édifices publics.

Les artistes modernes se sont, à notre avis, fait une opinion très-fausse de la jeunesse et des travaux des maîtres, et cela faute d'avoir à leur disposition des biographies véridiques et précises (116) ; ils ne les ont vus que par le beau côté de leur vie (117). Qui ne s'est cru, dans un rêve de jeune homme, un artiste incompris marchant à la gloire, envers et contre tout, et négligeant, par conséquent, des travaux vulgaires pour ne pas souiller la noble dignité du grand art ?

(116) C'est précisément parce qu'on travaille en ce moment à refaire l'histoire des artistes et des beaux-arts, que nous-même nous avons entrepris d'écrire la biographie des artistes dont les travaux intéressaient notre ville natale.

(117) Aucun artiste lyonnais ne devrait ignorer que les Flandrin n'ont pu aller à Paris qu'à l'aide du petit pécule amassé en couvrant les pierres lithographiques de rébus, de vignettes et de croquis militaires. Hippolyte fit sept fois et Paul neuf fois le voyage de Lyon à Paris à pied avec un mince bagage sur le dos. L'art industriel, s'il eût existé alors, leur aurait peut-être encore mieux facilité le moyen d'aller recevoir l'enseignement supérieur auquel ils aspiraient.

C'est en pratiquant toutes les applications du dessin : figure, paysage, fleur, ornementation et architecture, que le peintre se préparera sûrement à tous les accessoires d'une grande composition, où ces éléments concourent à un même but, la décoration d'un édifice.

Nous ajouterons que, s'il était possible, de nos jours, comme à l'époque de la Renaissance, qu'un même artiste pût entreprendre, à la fois, ce qu'on distingue à tort comme décoration et peinture d'histoire, des travaux semblables deviendraient plus nombreux et par conséquent moins coûteux. Ce n'est pas sans effroi qu'un amateur ou qu'un architecte entreprend la décoration d'une salle. Il est en présence du peintre entrepreneur, du doreur, du sculpteur, de l'ornemaniste et du peintre d'histoire. Chacun d'eux ne songe qu'à faire remarquer son œuvre et attirer les regards par une note brillante : aucun n'entend être sacrifié. De là ce défaut d'unité que l'on remarque dans presque tous les édifices de notre époque (118), et ce fouillis exubérant que le public prend, avec raison, pour de l'exagération décorative, tandis qu'il n'y a là qu'un défaut d'entente entre des parties qui doivent être, les unes sacrifiées, les autres mises en avant.

C'est donc un moyen de voir un ensemble de décoration et, par conséquent, une étude salutaire pour les peintres et les sculpteurs que de faire du dessin et de la composition ornementale.

Du reste, la connaissance de toutes les spécialités des beaux-arts est indispensable à tout artiste qui veut s'élever au-dessus du vulgaire. Chaque art vient apporter aux autres une

---

(118) Nous rappellerons, à cet égard, la Danse de M. Carpeaux, qui, appelée à figurer avec trois autres groupes dans la façade de l'Opéra, détonne, comme une note aiguë, au milieu du quatuor, à cause du calme et de l'unité que trois autres artistes de talent, MM. Guillaume, Perraud et Jouffroy ont pourtant acceptés. L'architecte n'a probablement pas osé blesser l'artiste en lui faisant refaire sa composition, et pourtant il en avait bien le droit.

qualité de plus ; c'est donc à l'école qu'il faut prendre, dès le début, des notions suffisantes de tout ce qui se rattache à la spécialité à laquelle on se destine (119).

Pour terminer, nous laissons un instant la parole à un homme qui avait admirablement compris le genre d'enseignement du dessin qui convenait à notre industrie :

« Nous enseignons la peinture, la sculpture, l'architecture et la gravure, et les classes de fleur et d'ornement qui existent dans notre Ecole sont des classes d'application à nos manufactures de ces quatre arts, qui n'en doivent faire qu'un dans un haut enseignement, lequel ne peut avoir pour mission de s'occuper des caprices de la mode.

« Tous nos efforts tendent donc à former des artistes éminents, dont la solide instruction et l'habileté peut rendre à l'industrie tous les services qu'elle a droit d'en attendre ; c'est à elle ensuite à tirer le meilleur parti possible de ces talents, à se les approprier et surtout à les encourager en honorant ceux auxquels elle emprunte son plus vif éclat.

« Mais pour arriver à cette habileté dont je parle, il ne faut point écouter la voix des ignorants qui vous disent que l'étude de la figure humaine est inutile et que l'instruction du dessinateur doit se borner à celle des fleurs : il y a, croyez-le bien, messieurs, dans cette funeste croyance, trop malheureusement répandue à Lyon, un germe de mort pour nos industries.

« Oui, sans doute, l'étude de la fleur est indispensable ; elle doit même être aussi parfaite que possible, et nulle part vous ne la trouvez mieux enseignée que dans notre Ecole ; mais elle

---

(119) Voyez plus loin, (chapitre v, paragraphe 4), les détails sur l'enseignement de l'*Art Departement*.

« Les anciens avaient du génie de reste ; ils en semaient partout avec profusion, par toutes les mains, sur toutes les babioles. Leurs queues de poêles, de casseroles, leurs bagues, leurs pierres précieuses devraient faire honte à tous nos poêliers et à tous nos orfèvres modernes (Lettre de lord Byron à Hobhouse, 1ᵉʳ novembre 1821). »

n'est qu'une portion de ce que doit savoir un artiste digne de ce nom, et quoi qu'on en puisse dire, celui qui n'a à sa disposition que ce seul bagage ne sera jamais un homme vraiment supérieur.

« Nos industries ont besoin, au contraire, d'hommes instruits à fond dans l'art de l'ornementation de tous les siècles et chez tous les peuples, sachant composer avec goût et dessiner toutes choses avec habileté ; des hommes, en un mot, pouvant se présenter, armés de toutes pièces, en face de cette terrible concurrence dont la grosse voix ne doit effrayer que l'ignorance et la médiocrité.

. . . .

Préparez-vous donc au combat par des études approfondies ; sachez résister à l'appât d'un modique et trop précoce salaire qui compromettrait votre avenir, et repoussez ceux qui vous disent que vous en savez assez (120). »

**

5° *De l'Enseignement de ce que l'on nomme les divers styles* (121).

Nous avons, au commencement de cette étude, signalé l'opinion de quelques critiques qui attribuaient l'infériorité artistique des œuvres de notre industrie à ce que nous n'avions pas, à proprement dire, d'art national et que nous faisions des *contrefaçons* de tous les siècles. Faut-il en déduire qu'il y aurait lieu à réagir par l'enseignement contre cette fausse direction ?

---

(120) Discours de C. Bonnefond, directeur de l'Ecole impériale des beaux-arts de Lyon, à la distribution des prix de l'année 1856.

(121) Nous entendons ici par le mot de *style* la manière d'être de la forme des objets d'art pendant une époque déterminée où cette manière ne varie pas.

Il y a longtemps que cette recherche a été faite sans résultat appréciable dans le domaine de l'architecture par des artistes de premier ordre. Eux-mêmes, dans certaines circonstances, ont été conduits les premiers à déroger au style qu'ils étaient censés avoir créé.

D'abord est-il réellement exact que nous n'ayons pas actuellement de style national? Nous avons examiné ailleurs (122) pour l'architecture cette question intéressante; en ce qui concerne l'art industriel nous concluons de même : c'est-à dire que nous avons un style et que ceux qui nous suivront ne s'y méprendront pas plus que nous ne nous méprenons sur les productions artistiques de l'Empire, de la Restauration ou de la monarchie de Juillet.

D'abord, quelle que soit notre habileté à *contrefaire* la manière des arts des siècles passés, il est incontestable que nous ne contrefaisons que partiellement. Ainsi : les ornements sacerdotaux religieux imités des XIIe, XIIIe, XIVe et XVe siècles ont-ils la coupe de ces époques? Non. Les calices, les ostensoirs en soleil, les chandeliers de notre orfévrerie *archéologique* ne sont-il pas établis selon des données et dans des dimensions entièrement différentes de celles de ces époques sur lesquelles on est censé les copier? Les meubles de tous les genres, les bijoux, les services de table, les objets de décoration intérieure n'ont qu'un *vêtement* du style qu'il imitent et pourquoi? Parce que les mœurs et les besoins ont changé radicalement. Ces *bibelots* coûteux qu'il est de mode de collectionner à présent, deviennent par ce fait-là une inutilité complète. C'est tout au plus si un buffet ou une crédence peuvent figurer dans une salle à manger et un *cabinet* dans une chambre de travail. On placera bien une console ou un cadre richement dorés dans un salon, mais la pendule des siècles derniers n'y figurera qu'accidentellement.

---

(122) *Lettres sur l'architecture au* XIXe *siècle*, pages 9 à 12.

On peut donc conclure qu'en fait de style nous en avons un, que nous ne savons définir parce que nous vivons avec lui. Ce style c'est, dans le bronze : les pendules avec sujet, les candélabres à bougies, les lampes ventrues, les suspensions de salle à manger ; dans le meuble : les siéges capitonnés, les rideaux à baldaquins, les fauteuils arrondis et élastiques, les chaises simples et de peu de poids, les tables à toilette, les lits à dossiers égaux, les armoires à glace, les jardinières, etc.; nous n'en finirions pas. La *commode* et la psyché n'ont-elles pas fait leur temps ? Nos mobiliers actuels ne seront-ils pas démodés dans dix ans ?

Nous croyons avoir vidé à fond cette question et nous revenons à ce qu'on nomme les divers styles en archéologie.

A ne considérer que la forme de l'ornementation, on reconnaît facilement le genre d'application du motif à l'objet particulier de chaque siècle. Prenons la palmette grecque qui se modifie un peu chez les Romains, disparaît au moyen-âge pour reparaître corrigée par le xvie et dénaturée par le xviie. L'objet sur lequel vous appliqueriez indifféremment l'un ou l'autre de ces éléments s'en trouvera ou embelli ou déparé selon que la forme de l'objet sera pure ou contournée. En effet, la palmette grecque accompagnée de ses spirales fines et élégantes contribue admirablement à couvrir la panse d'un vase si ce vase est d'un galbe très simple ; elle ferait une singulière figure sur celle d'une urne à la Le Pautre !

L'enseignement doit donc se préoccuper de ces coïncidences, en prévenir les élèves et leur indiquer à quel ordre d'objets les éléments de la décoration de chaque siècle s'appliquent le plus favorablement.

Il y a sur le choix des styles un autre genre de considération à observer et celui-ci est essentiel.

De même qu'on ne doit donner en littérature que des modèles de premier ordre, de même, dans l'enseignement des beaux-arts, il faut ne choisir que des types entièrement beaux, des chefs-d'œuvre. Les enfants et les jeunes gens ont beaucoup trop de penchant à exagérer, en les copiant, les défauts de leurs modèles.

En conséquence nous conseillons de ne donner aux élèves les plus faibles que des modèles choisis dans le grec, dans le XIII° siècle, puis dans le XVI°. C'est seulement lorsqu'ils auront saisi la différence entre ces genres et habitué leur main à en tracer les contours qu'on pourra les diriger dans les genres intermédiaires. A ce moment ils ne risqueront plus ni d'égarer leur goût, ni de gâter leur main.

*
* *

6° *De la Composition ?*

On a remarqué que l'enseignement de l'Ecole impériale des beaux-arts de Lyon faisait une large part à la composition.

Quelques personnes blâment ce système, y voient une bifurcation anticipée, une éducation professionnelle avant l'heure et pensent qu'il nuit au développement des idées générales. Elles disent que « faire exécuter un programme d'un style particulier avec tous les détails historiques, grec, gothique ou renaissance, c'est s'adresser à la raison, pour en substituer l'affectation à toute impression personnelle. Tous ceux qui sont devenus des maîtres ont commencé par l'étude naïve ; la nature est la mère universelle ; ils l'ont animée. Elle est supérieure à la tradition ; le *summum* d'un art national, c'est la nature aidée de la tradition d'un pays (123). »

(123*) L'*Art contemporain*. Dans ce passage, M. Ch. d'Henriet cite une observation faite par un membre du Congrès pour l'avancement des arts utiles.

Si les jeunes gens qui fréquentent nos Ecoles pouvaient consacrer six années au moins à l'étude, ces objections auraient quelque valeur ; elles deviennent purement théoriques par suite de la nécessité de faire un enseignement spécial en trois ans au plus ; et que l'on veuille bien remarquer ici que nous parlons des Ecoles des beaux-arts où toute la journée est consacrée au dessin et à ses applications, et non des écoles et cours où il n'est qu'un accessoire.

Avec cette latitude de six années, on procéderait comme il suit pour un élève âgé d'au moins quinze ans et par conséquent déjà exercé au tracé linéaire et au dessin géométrique à main levée : pendant la première année, il copierait des dessins de figures et de fleurs ; la seconde année, on le mettrait devant le plâtre, figure, fleur, feuilles et ornement ; dans la troisième année, il reproduirait la nature, homme, paysage ou fleur ; la quatrième année serait consacrée à la coloration et en même temps on commencerait la composition en faisant grouper les objets ensemble, ainsi qu'à étudier la transformation de la feuille et de la fleur en ornementation ; la composition viendrait enfin dans les cinquième et sixième années.

Joignez à ce temps une année ou deux dans l'atelier du peintre, du dessinateur, de l'architecte ou de l'industriel, et vous arrivez à vingt-deux ans, en admettant toutefois qu'un mauvais numéro à la conscription ne viendra pas rendre inutiles ces longs sacrifices.

Au lieu de cela, c'est tout au plus trois ans de travail, à raison de cinquante quatre heures d'étude par semaine, que les familles généralement peu fortunées peuvent accorder à leurs enfants qui se destinent aux carrières d'art appliqué à l'industrie, et l'on doit forcément se mouvoir dans cette période.

La première année sera entièrement consacrée au dessin, principes et bosse, soit pour la figure, soit pour l'étude de l'ornementation. Dans la seconde, l'élève apprendra les premières notions de la spécialité à laquelle il se destine : peinture, fleur, industrie, architecture, sculpture ou gravure, et déjà il devra copier des compositions faites, sinon en faire de très-simples. La troisième année doit voir achever l'étude de la spécialité, car l'élève sera appelé aussitôt après à entrer dans la pratique. Ainsi le veut fatalement notre époque ; l'école finit à dix-huit ans : on est négociant, industriel, ingénieur... ou rien !

Quant à ceux qui, mieux doués ou plus courageux, veulent s'élever sérieusement dans l'art, qu'ils prennent patience, car à peine leur trentième année verra briller une lueur de cette notoriété qui ne sera réellement acquise qu'à quarante ans, et après des luttes acharnées. Si c'est ceux-là que vous entendez former, il est inutile de dresser des programmes et de formuler des méthodes, leur travail et leur volonté suffisent......

Revenons à la composition. Pour nous ses avantages se résument dans les faits suivants que nous allons développer : 1° composer, c'est aussi dessiner ; 2° composer, c'est apprendre à analyser et à imiter; 3° composer, c'est commencer à produire.

Composer, c'est aussi dessiner. En effet, quelle différence faire entre un modèle que l'élève reproduit avec plus ou moins de goût, et le motif qu'il interprète pour former une partie de sa composition ? Nous avons même remarqué que c'était la seule manière de faire comprendre aux élèves la nécessité d'un dessin pur et correct; aussi les plus négligents appliquent à leur *rendu* un soin, une précision et un dessin supérieurs à ceux qu'ils mettent aux reproductions du modèle ou des plâtres. Il importe aussi de faire souvent exécuter les dessins de la grandeur de l'exécution, de donner le temps suffisant pour chaque composition et de faire comprendre à l'élève qu'il doit dessiner de façon à rendre entièrement et clairement toute sa pensée en excluant toute idée de croquis ou d'esquisse.

Composer, c'est apprendre à analyser et à imiter. D'après nos observations le système de la composition nous paraît le seul moyen de faire apprendre aux élèves le génie de chaque style ou d'appeler leur attention sur la forme, la structure et la décoration des objets qu'ils auront à créer dans leur spécialité.

En corrigeant des compositions, le professeur est conduit nécessairement à appuyer chacune de ses observations par un exemple : il faut qu'il fasse comprendre pourquoi telle forme s'harmonise mal avec la voisine, pourquoi telle coloration est défectueuse. Or tout l'enseignement est là ! Les croquis, les estampes, tous les ouvrages qu'il expose, sa parole, tout cela vient réveiller ces intelligences qui n'ont pas encore analysé, qui ont passé à côté des chefs-d'œuvre sans les voir, et qui n'osent pas encore imiter des ensembles en leur adaptant d'autres détails.

Mais peu à peu leurs idées se dégagent ; les styles se classent ; la banalité leur répugne ; ils recherchent des types plus purs et ils les interprètent ; l'imitation servile disparaît ; l'individualité se fait jour ; *ils produisent*.. (124).

La plus grande difficulté du système de la composition, surtout dans les classes d'ornementation, est indépendante des élèves ; elle repose sur une question de matériel et nous croyons qu'elle seule a dû décourager bien des professeurs.

Les élèves ne sauraient être plus habiles que des maîtres et composer un vase, un ostensoir ou un meuble de mémoire. Ils

---

(124) Un fait que nous avons remarqué à l'exposition des Écoles de dessin à l'union centrale des beaux-arts appliqués à l'industrie en 1869, c'est la faiblesse et le petit nombre des concours des 2me, 3me et 4me sections relatives à la composition pour l'ornementation. La 2me section, pour trois sujets, à fourni 26 concours ; la 3me, pour deux sujets, 17 concours et la 4me, pour trois sujets, 20 concours ; et en même temps le concours de dessin ornemental a apporté 400 dessins dans une seule section. Cela démontre qu'on s'occupe plus volontiers d'imitation que de composition dans les principales Écoles de dessin de France, y compris Paris.

doivent donc avoir sous les yeux, *pendant leur travail*, des types divers et convenables de l'objet qui a été demandé ; de plus la série des détails d'ornementation qui s'y appliquent ; c'est tout un matériel à posséder et à mettre en œuvre.

Enseigner sans modèles et beaucoup de bons modèles est impossible ; plus donc on améliorera le matériel, plus on progressera. Voilà précisément pourquoi le Musée d'art industriel devrait être à côté de l'École. Nous terminerons en signalant quatre points essentiels :

Les élèves qui composent devront être liés d'avance par une esquisse rapidement faite en vue du programme donné, sous les yeux du professeur, d'après des types qui leur sont soumis, de façon à y représenter leur idée et les éléments de décoration adoptés. Le professeur doit veiller à ce qu'ils s'y tiennent rigoureusement ; s'il le négligeait, l'individualité de chaque élève disparaîtrait et les compositions, se fondant les unes dans les autres, tomberaient dans une moyenne de dispositions analogues.

Les sujets donnés doivent toujours être très simples et relatifs à des objets que les élèves connaissent parfaitement et ont constamment sous les yeux. Eviter avec soin ceux qui sont trop complexes ou qui présenteraient de la difficulté même à des artistes expérimentés.

Le professeur doit encourager les avis que les élèves se donnent réciproquement et les accueillir toutes les fois qu'ils sont conformes au bon sens et au goût. C'est ainsi que l'enseignement des Écoles et des ateliers est ordinairement plus puissant que l'enseignement particulier, où l'élève n'est en contact qu'avec son maître.

On doit éviter avec soin d'indiquer des modes de dispositions aux élèves, même à leur demande. Il suffit de provoquer l'expansion de leur goût et de leur intelligence, puis de les corriger en ce qu'ils ont de mauvais ou de contraire au style imposé ou adopté. Des développements sur l'histoire de l'art et sur les procédés de fabrication de l'objet projeté sont les meilleurs moyens d'exciter leur intérêt et de les habituer à ces compositions sages où l'on tire parti de la forme pour y appliquer une ornementation raisonnée. Ce dernier point est le plus essentiel, car il est l'écueil de ce système d'enseignement. Un professeur qui tolérerait une composition inexécutable dans la pratique, verrait bien vite son enseignement s'éteindre et périr sans avoir donné aucun résultat utile.

C'est ainsi, comme nous l'avons déjà fait remarquer, que les derniers ouvrages de la classe dite de composition de l'École des beaux-arts, compliqués de tons, agencés comme des tableaux et étudiés sans application de mise en carte, n'ont pu conduire les élèves, si habiles dans l'étude de la fleur, qu'à abandonner l'industrie pour les livrer à la peinture.

***

7° *Dans la plupart des Écoles pour ne pas dire dans toutes, on annonce enseigner ce qu'on nomme l'ornement* (125).

Un ornement c'est une *grecque*, un *ove*, un *rais-de-cœur*, une *feuille* ou une *palmette*. Mais il ne suffit pas d'avoir reproduit beaucoup de ces détails pour savoir comment se gouverne leur application. L'enseignement des détails ou ornements n'est que l'alphabet de l'ornementation : il reste à en former des phrases, puis à les assembler sur un sujet.

Le but élevé auquel les Ecoles doivent prétendre, c'est à enseigner *l'ornementation* (126), puis, selon la spécialité à laquelle elles visent, viendra *l'application*, soit *aux beaux-arts*, soit *à l'industrie*.

---

(125) On dira : *peinture d'ornement* ou *d'ornements* ; *des ornements* (en général).... ; et jamais *l'ornement* seul. (Voyez Bescherelle.)

(126) *Ornementation*, manière de disposer les ornements. Art de l'ornemaniste. (Voyez Bescherelle.)

※

8° *Du dessin exécuté de mémoire.*

De même que la composition, ce genre d'étude est très-peu appliqué et surtout parce qu'il présente des difficultés matérielles.

Si le professeur indique un motif extérieur à l'Ecole, il est à craindre qu'il n'échappe à sa surveillance un croquis apporté en fraude qui facilitera le travail d'un ou de plusieurs fraudeurs ; et d'un autre côté, comment exposer commodément dans une classe, à l'étude simultanée de 20 élèves, un dessin, un plâtre ou un objet, si cette classe n'est pas distribuée en cercles dans le genre du système employé à l'Ecole de la Martière ?

Ces obstacles ne doivent pas décourager, et nous croyons qu'avec un peu de bonne volonté on peut les surmonter. Il y a tant d'avantages à développer l'habitude de l'observation chez les élèves qu'on ne saurait négliger aucun moyen de l'éveiller. Dès que la nécessité : 1° de faire un dessin de mémoire, et 2° de composer, leur aura démontré que l'artiste doit constamment observer et étudier les œuvres de l'art afin de meubler son imagination, ils deviendront curieux, visiteront plus attentivement les musées et les bibliothèques, et dès lors leurs progrès pourront prendre un caractère plus prononcé.

※

9° *Au congrès pour l'avancement des arts utiles* (127), *organisé à Paris par l'Union centrale des arts appliqués*

(127) Septembre 1869

à l'industrie, on mit en avant plusieurs méthodes d'enseignement du dessin et nous avons noté parmi elles les points qui nous ont paru, à notre avis, les plus pratiques et les plus sérieux ; car, il faut le reconnaître, quelques propositions nous ont semblé dénuées de toute expérience réelle de l'art que l'on prétendait le mieux enseigner.

Parmi ces observations, l'une d'elles nous a paru d'autant plus importante qu'elle peut prémunir contre une fausse direction les Ecoles qui, selon toute probabilité, exagéreront l'application de l'art à l'industrie en devenant *trop pratiques.*

Il existe déjà des Ecoles où l'on fait exécuter aux élèves des ouvrages en bois, en métal, sur porcelaine ou sur faïence avant qu'ils sachent suffisamment manier le crayon ou le pinceau. « Ces soi-disant petits prodiges formés d'une façon artificielle, subissent bientôt un arrêt de développement ; ils n'avancent plus dès qu'ils sont arrivés à la moitié, au quart du chemin à parcourir (128) »

Les travaux envoyés par les Ecoles de filles et exposés à l'Union centrale, ont démontré d'une manière complète que le Congrès avait eu bien raison d'exprimer le désir que l'enseignement général l'emportât au début sur toute application industrielle sollicitée par la commande.

⁎⁎⁎

10° *Du temps à consacrer à l'étude des arts du dessin.*
Nous touchons la question la plus importante de l'enseignement qui nous occupe, et de toutes malheureusement la plus oubliée.

C'est un grave reproche que les siècles futurs nous adresse-

---

(128) Ch. d'Henriet, déjà cité. (Voyez notes 23 et 123.)

ront d'avoir voulu tout apprendre et de n'avoir rien su réellement. En un mot, nous ne spécialisons pas suffisamment.

Il est bon d'ouvrir des cours, de faire passer des examens, de délivrer des diplômes correspondant à un *summum* de connaissances ; il serait encore meilleur d'étudier si ce *summum* est suffisant pour servir à quelque chose.

On a pensé qu'en faisant beaucoup apprendre aux jeunes gens dans les établissements d'instruction secondaire, leur aptitude choisirait facilement eutre les diverses connaissances celle qui doit être spéciale à la carrière qu'ils entendent poursuivre, et qu'en conséquence ils sauraient à la fois ce qui leur est indispensable et ce qui deviendrait un agrément, sauf plus tard à entrer dans une Ecole *ad hoc* pour se spécialiser.

Il y a du bon dans cette organisation, mais elle ne nous intéresse qu'indirectement, parce qu'en général les élèves qui se destinent à l'industrie n'ont que l'instruction, nécessairement restreinte, des écoles primaires (129).

C'est donc le *summum* de dessin de l'école primaire supérieure qu'il faut considérer : l'on consacre ordinairement à cette étude de trois à quatre heures par semaine. C'est trop pour ceux qui ne s'en serviront pas et insuffisant pour ceux qui en auront besoin. Il est vrai que les jeunes gens n'ont encore pas fait de choix pour la carrière à entreprendre ; passons donc et suivons-les. Ou bien ils entrent à la Martinière (130), ou ils apprennent un état. Dans le premier cas tout est pour le mieux ; dans le deuxième, ils se perfectionnent aux cours facultatifs d'adultes.

C'est là que le temps consacré au dessin (même en admet-

---

(129) Quoique l'ouvrier cherche le plus souvent à faire de son fils un ouvrier plus habile ou plutôt un industriel ; l'industriel pousse ses enfants dans les carrières libérales sinon dans le commerce.

(130) Un trop grand nombre entre immédiatement à l'Ecole des beaux-arts en sortant de l'école primaire. Il leur est bien difficile, dès-lors, de compléter leur instruction générale littéraire ou scientifique.

tant que les élèves soient exacts) est insuffisant si les jeunes gens veulent réellement faire de l'art appliqué à l'industrie. Loin de nous la pensée d'en faire un reproche à ces utiles établissements; ils font beaucoup déjà, mais ils ne peuvent être ce qu'ils n'ont pas voulu être. Des jeunes gens qui consacrent non pas leurs loisirs, mais bien le temps du repos à perfectionner un enseignement insuffisant, qui arrivent à l'école las de corps et d'esprit, travaillent à la lumière sans bruit, avec calme, et une persévérance soutenue : des sociétés qui aident et encouragent de tels efforts, c'est là un tableau touchant et digne d'éloges.

Mais nous qui désirons le progrès de l'industrie lyonnaise, nous qui avons constaté que l'étude des arts du dessin pouvait y contribuer d'une manière puissante, nous qui savons quel est le temps indispensable pour apprendre à dessiner, nous avertirons les parents et ceux qui les conseillent *que s'ils ne font pas travailler longuement leurs enfants, ils ne recueilleront aucun fruit de leurs sacrifices* (131).

Pour ne toucher qu'à un seul point de l'enseignement : la composition, dont nous avons parlé plus haut, nous avons constaté (132) qu'il n'est pas possible de l'entreprendre avec un travail aussi court, et c'est pour cela qu'elle est si rarement enseignée.

Et sans la composition tout enseignement artistique appliqué est et devient nul par la raison bien simple qu'on n'a rien appliqué du tout. Nous insistons sur ce sujet, nous le signalons à l'attention de tous ceux qui s'intéressent réellement aux beaux-arts appliqués à l'industrie afin qu'ils s'unissent à nous pour le faire comprendre à tous, et pour détruire des illusions trop répandues.

Il faut avoir le courage de dire la vérité aux familles et à

---

(131) Voir les tableaux A et B, pages 61 et 62 de ce travail.
(132) Paragraphe 6 de ce chapitre.

ceux qui ne se rendent pas compte des difficultés du dessin (133).

*_**

11° *De la part qui reste aux parents dans l'instruction de leurs enfants* (134).

C'est un côté de l'enseignement que l'on paraît avoir oublié par suite de l'esprit centralisateur qui souffle partout en France.

Ou l'on a admis que les élèves étaient assez âgés et assez raisonnables pour ne songer qu'à leur travail, ou l'on n'a recours à leurs parents que pour les punir.

Il y aurait peut-être lieu à généraliser l'usage adopté par quelques établissements d'adresser de temps en temps, aux parents, un relevé des présences des élèves et les notes sur leur conduite, leur travail, leur conduite et leurs progrès. Voilà la part de l'Ecole.

Quelle est celle des parents ?

C'est de se tenir constamment au courant des progrès de leurs enfants, en se mettant en rapport avec leurs professeurs ; c'est de veiller avec soin à l'emploi de leurs loisirs en les dirigeant vers l'étude des grandes œuvres de l'art et vers

---

(133) Qui n'a constaté la facilité avec laquelle les amateurs critiquent les œuvres d'art qu'ils trouvent quelquefois avec raison mauvaises, pendant que ceux qui les ont exécutées ont consacré dix ou vingt années de *travail et d'étude* pour arriver à ce résultat contesté. Mais ceux qui n'ont travaillé que deux ou trois ans, à raison de six heures par semaine ne pourraient pas même faire une copie convenable de ces œuvres, si justement critiquées. On a la prétention de faire des dessinateurs en moins de temps qu'on en met pour enseigner le latin ou les mathématiques.

(134) Voyez : *De la part qui reste aux parents dans la direction des enfants confiés à l'éducation publique*, par L. Guillard, Lyon 1865.

la lecture des ouvrages sérieux ; c'est de les soutenir par leurs conseils et par leurs encouragements dans les moments de défaillance et lorsqu'il semble que le progrès se ralentit; c'est de leur faire comprendre, chaque jour, qu'ils n'acquerront le talent que par un travail assidu, complet et intelligent. Du reste, comme nous venons de le signaler, en se mettant en rapport avec le professeur, ils seront toujours au courant du côté faible où il convient d'apporter leur concours.

Il arrive trop souvent, dans les familles peu aisées, que le père absorbé par ses travaux journaliers et pénibles, ne peut apporter son contingent de surveillance ; de plus, leurs enfants élevés un peu au hasard n'ont pas, envers leurs parents, ce respect et cette déférence qui font accepter si vite et si bien une remontrance. Habitués à faire l'école buissonnière, ils embrassent la carrière artistique dans l'espoir que le laisser-aller que l'on prête aux artistes sera favorable à leurs instincts de dissipation. Nous avouons ici notre insuffisance ; dans ce cas il n'y a qu'à se résigner et attendre......

Si, il y a quelque chose à faire. Il faut que par la parole et les écrits, il faut que par la conduite de chaque jour, les artistes répètent et crient que la carrière de l'art ne peut s'accommoder de telles allures : que l'atelier de l'artiste des anciens siècles était un sanctuaire du travail (135), que l'art ne se compose pas seulement du dessin, mais aussi de la littérature et de l'histoire, et qu'avec une main habile et rien dans la tête on n'arrive jamais !

A force de le dire, les jeunes gens perdront l'idée des mœurs soi-disant artistiques et les étourdis, les vicieux, n'oseront pas aborder un travail aussi difficile et aussi austère.

---

(135) Voir l'estampe représentant l'atelier de *Baccio Bandinelli,* aussi grave qu'un sanctuaire, à laquelle le dessinateur Valantin a si bien opposé, dans un dessin bien connu, le sans façon, la légèreté et le bruit de certains ateliers de l'école romantique de notre siècle.

※
※ ※

12° *Quels sont les arts industriels qu'il convient d'enseigner aux femmes ?*

A cet égard, nous laissons la parole à une voix plus autorisée que la nôtre à traiter la question, tout en reconnaissant combien, à notre avis, elle a parfaitement observé :

« Les femmes ne sont pas, en général, douées de facultés créatrices, aussi choisirais-je de préférence pour elles les arts industriels, dans lesquels l'artiste est un imitateur, un interprète, et non un inventeur. La peinture sur porcelaine, sur émail, sur éventail, la gravure sur bois, sur métaux, le coloriage des gravures, les cartonnages, etc., seraient enseignés dans l'Ecole, et je suis convaincue que les femmes, obligées par les examens à suivre la route véritable, acquerraient dans ces professions une extrême habileté.

« L'Ecole n'empêcherait point d'ailleurs le développement de certaines intelligences exceptionnelles, mais elle devrait être organisée au point de vue des aptitudes générales.

« C'est en s'engageant dans les carrières placées en dehors de leurs facultés, que les femmes ont échoué dans les arts industriels. Les femmes sont des imitateurs habiles, des interprètes admirables ; mais elles n'ont point le génie de l'invention. En musique, les femmes ont eu tous les succès possibles, hors celui de la composition ; et si dans le roman et dans la poésie elles se sont élevées à un degré remarquable, c'est qu'elles peignaient des sentiments qu'elles devaient avoir éprouvés : cela n'est pas précisément de l'invention.

« Je dois ajouter que pour les modes, les modèles de nos robes, de nos chapeaux, de nos confections, sont inventés par des hommes. Les couturières, les modistes suivent cette idée première pour l'arranger et la modifier selon leur goût particulier (136). »

Nous signalons ces observations si judicieuses à l'examen de ceux qui auront bientôt, il faut l'espérer, à réaliser l'enseignement pour les filles, dont l'Académie de Lyon, sur la proposition de M. Guillard son président et, après lui, M. Varambon, conseiller général, ont réclamé la création conformément aux dispositions du testament du major-général Martin, et pour lequel il a été décidé qu'on adopterait le système d'école-ouvroir (137).

***

13° *Des récompenses.*

On a vu que des sommes assez importantes étaient consacrées dans notre ville à la formation de prix spéciaux pour les concours de dessin appliqué à l'industrie.

Nous désirerions voir spécifier par les donateurs l'emploi qui devra en être fait.

Qu'une médaille accompagne le don en argent, rien de plus convenable ; c'est le souvenir de la récompense perpétué dans la famille. Mais, à notre avis, il ne faudrait pas que la somme reçue pût être considérée un instant comme un secours ; elle doit profiter encore au perfectionnement de l'art dans la personne du lauréat.

Il conviendrait donc de stipuler, par exemple, que la

---

(136) Déposition de Mademoiselle Hautier, directrice de l'École municipale de filles de dessin de la rue Notre-Dame-de-Lorette à Paris, à l'enquête sur l'enseignement professionnel (tome I, pages 158 et 159).

(137) Voyez : *Compte-rendu des travaux de l'Académie de Lyon, pendant l'année 1869*, par Louis Guillard président (pages 13 à 20), et *Les affaires municipales de Lyon*, par F. Varambon, 1870 (pages 124 à 129.

somme affectée à certains prix, suivant son importance ascendante, sera employée comme il suit :

1° Une somme de 50 à 200 francs représentera l'acquisition pure et simple du ou des dessins couronnés ;

2° Une somme de 200 à 1000 francs représentera un voyage, exécuté par le lauréat, dans le pays où le conduiront ses aspirations, à la charge de montrer à son retour un cahier de notes ou de croquis.

3° Une somme de 1800 francs représentera un séjour d'un an à Paris, avec l'obligation de se faire recevoir ou d'assister aux cours de l'Ecole impériale et spéciale des beaux-arts.

CHAPITRE V.

Ce qui reste à faire.

« Il serait peut-être à souhaiter que l'initiative des particuliers pût constituer en France, comme cela se pratique dans un pays voisin, des compagnies indépendantes, ayant leurs franchises, ne relevant que d'elles-mêmes et vivant toutes sous la protection égale de la loi (138). »

Puisque notre ville est suffisamment dotée des établissements nécessaires à l'enseignement des beaux-arts appliqués à l'industrie, elle doit veiller avec soin à en tirer tout le parti

---

(138) Rapport du maréchal Vaillant à l'empereur (*Moniteur* du 6 janvier 1864). L'Union centrale des arts appliqués à l'industrie a placé cette pensée en tête de son ouvrage *Le beau dans l'utile*. Paris 1866.

convenable et à ne pas s'arrêter dans la voie des améliorations, car un seul moment d'arrêt risque de la placer en arrière.

De l'examen que nous venons de faire du passé de notre industrie, des moyens employés pour la soutenir et des méthodes d'enseignement à pratiquer se dégagent d'eux-mêmes les vœux qui vont suivre.

*
* *

1° *Améliorer les modèles et le matériel des Écoles.*

Il est est inutile de revenir longuement sur la question des modèles. Tous les hommes compétents sont d'accord sur les points suivants : substituer, jusqu'à entier remplacement, les modèles faits à la main, aux estampes, gravées ou lithographiées, et surtout à ceux dont l'imitation précise est difficile ;

Encourager pour l'enseignement du dessin géométrique, les modèles en laiton ou en relief ;

Multiplier et répandre les bons moulages de figures, d'après les meilleures statues, et d'ornements, d'après les monuments ;

Enfin, doter tous les établissements d'ouvrages techniques pouvant être consultés par les élèves, à l'Ecole, sous les yeux du professeur, toutes les fois qu'une étude spéciale peut le rendre indispensable.

Nous ne savons trop pourquoi l'on n'a pas laissé dans l'ancien jardin des plantes quelques plates-bandes des fleurs et arbustes les plus ordinairement employés par les élèves de la fleur. C'est une perte de temps considérable et souvent un motif de manquer l'ouverture des cours que d'aller les chercher jusqu'au parc de la Tête-d'Or.

Ces observations ont été, depuis longtemps et à plusieurs reprises, présentées à qui de droit : elles fourniraient pourtant une heureuse occasion de décorer un peu ce qui subsite de l'ancien jardin botanique, et unir, du moins ici, le beau avec l'utile.

L'installation matérielle des Écoles est généralement insuffisante ; les salles servant tour à tour à des enseignements de nature différente, il en résulte qu'après chaque leçon on doit déménager les modèles, plâtres et divers ustensiles, lesquels ont gravement à souffrir de ces déplacements. Quelquefois les tables sont trop étroites et mal combinées avec la hauteur des siéges, de telle sorte qu'elles sont trop basses pour les jeunes gens de taille élevée et trop hautes pour les adolescents. Les porte-modèles n'existent presque nulle part (139) ; aussi les élèves prennent l'habitude de placer leurs modèles comme appuie-main au grand détriment de leur conservation ; de plus, c'est ainsi que se perd l'habitude de les considérer dans leur ensemble et en perspective.

Dans les cours du soir, l'éclairage au gaz vient encore malheureusement s'ajouter à la fatigue des adultes qui s'y rendent. Il y aurait lieu à perfectionner dans la plupart des Écoles les appareils d'éclairage, en condensant mieux la lumière et en dissimulant d'une manière complète le brillant éclat de la flamme des becs voisins aux élèves de chaque série de tables (140).

---

(139) Nous avons remarqué, à l'exposition des beaux-arts appliqués à l'industrie de 1869, des matériels d'école construits par M. A. Lenoir et Cⁱᵉ d'une manière très-convenable et très-solide. Les porte-modèles y sont fixes, de grandes dimensions et fermés avec une seule clé. Par ce système les modèles peuvent avoir une durée illimitée et ne sauraient être calqués.

(140) L'installation anglaise de South-Kensington a été signalée par M. J. Vieille, rapporteur à l'enquête sur l'enseignement professionnel (tome II, pages 467 et 475). Celle de notre Ecole des beaux-arts est convenable et celle de l'Ecole de la Martinière ne laisse rien à désirer à cet égard.

***

2° *Faciliter l'étude du dessin aux enfants des familles peu aisées.*

Quelques écoles, entièrement gratuites, fournissent aux élèves tout ce qui est nécessaire à l'exécution du dessin, pendant que d'autres demandent un droit d'inscription et ne fournissent que le local et les leçons.

Nous avons fréquemment constaté que la bonne exécution d'un dessin tenait aux outils, aux crayons ou aux couleurs employés. Quelques élèves dont les parents se montrent parcimonieux, et trop souvent par nécessité, sur cet objet, se trouvent arrêtés, perdent l'habitude d'un travail net et soigné, et emploient un temps précieux à aller emprunter à leurs camarades un outil qui leur fait défaut.

Il y aurait sur ce terrain quelque chose d'utile à faire en organisant une agence qui fournirait, à prix coûtant, et *gratis* dans certaines circonstances, exclusivement aux écoles et aux élèves les fournitures les plus usuelles ainsi que les bons modèles. L'*Art Departement* anglais a réalisé depuis longtemps cette excellente institution (141).

---

(141) Voyez (*Enquête sur l'enseignement professionnel*, tome I, pages 125 et suivantes), la déposition de M. Bardin, professeur de dessin industriel aux Ecoles communales de la ville de Paris, sur l'*Art Département*; et (*Art directory, with regulations for promoting instruction in art*, page 69), la collection des modèles, plâtres d'ornement et de figures que South-Kensington fournit aux Ecoles du Royaume-Uni.

On lit dans les journaux : « Mme la comtesse de Caen lègue à l'Institut des Beaux-Arts 175,000 fr. de rente pour subvenir aux besoins des jeunes artistes pauvres et pour la fondation d'un musée portant son nom. » la province n'aura-t-elle pas une part dans cette libéralité ?

※

3° *Conférences sur l'histoire, l'esthétique, les tendances et les procédés des beaux-arts.*

Les cours dont nous avons entretenu nos lecteurs laissent le dimanche entier aux élèves et quelques-uns même chôment le jeudi. Ce serait le moment de parler à l'intelligence et à l'esprit de ces jeunes gens en leur exposant les grandes images des œuvres et des artistes des belles époques. Pendant l'hiver surtout, les amphitéâtres spéciaux de chaque École deviendraient des salles de conférences où, tour à tour, les artistes et les professeurs de bonne volonté développeraient les idées et les théories générales des beaux-arts et feraient sentir la nécessité du zèle, de l'attention soutenue et du travail pour en atteindre la pratique.

Le temps est passé où la science de l'art était comme un mystère que les maîtres ne révélaient qu'à quelques élus. A notre époque tout s'affirme au grand jour : une doctrine en appelle une autre; les opinions se choquent et la lumière en jaillit.

Que les élèves sachent qu'à tel jour on parlera de l'histoire de notre art lyonnais, de son passé, de son présent et de son avenir; de la peinture, de l'architecture, de la gravure, de la fleur, de la sculpture, du génie de l'ornementation à diverses époques, des procédés employés dans les arts, du rapport intime qui doit exister entre la décoration et la forme ; enfin de ces mille questions auxquelles nul artiste ne doit rester ignorant. Que ces conférences soient faites en termes familiers, comme une causerie, appuyées surtout de dessins, de modèles et de tracés; signalez-y les richesses artistiques exposées dans nos musées et sur nos monuments, provoquez leur examen et leur étude.

Et si peu de jeunes gens répondent tout d'abord à votre appel, ne vous découragez pas, parce que vous aurez à combattre l'insouciance et la légèreté française, puis des jalousies de sociétés et d'écoles.

*
* *

4° *Coordination à établir entre les divers établissements qui enseignent les beaux-arts appliqués à l'industrie.*

En ce moment, la plupart des établissements de notre ville dont le but est le même existent parallèlement et sans lien : nous ne pouvons voir dans cet état que des inconvénients.

Un amour-propre excessif, la jalousie, et la méfiance ont empêché jusqu'à présent le moindre rapprochement. Comment et quand se fera-t-il ? Nous en indiquerons le terrain dans le paragrahe 6 de ce chapitre.

S'il se produit un jour, il faudra que chacun fasse son examen de conscience et vérifie si son enseignement est réellement dans la voie.

Etablir entre les divers cours un mouvement ascensionnel, les coordonner ensemble, éviter les doubles emplois, graduer les modèles et travailler avec énergie à leur réforme, classer les rôles de chaque établissement, en préparatoires, spéciaux ou supérieurs, enfin faire comprendre aux élèves qu'ils n'ont rien fait tant qu'ils n'ont pas franchi certains échelons déterminés; tout cela donnera une nouvelle vie à notre enseignement artistique, et il progressera comme il doit le faire avec des établissements aussi nombreux.

Les élèves qui ont remporté de belles médailles à la fin de leur année y voient, non un *satisfecit* relatif, mais un diplôme de connaissances acquises et ils se lancent tout de suite dans la pratique quoiqu'à peine ébauchés : aussi il ne produisent rien de sérieux.

Il faut leur faire comprendre qu'il n'ont fait encore que de la préparation et que certains cours leur sont encore nécessaires. Il ne suffit pas de le leur dire quand ils partent : ce doit être un programme tracé à l'avance (142) et que tous puissent connaître ; car les parents, pressés de leur voir gagner leur existence et enthousiasmés de leurs dessins et de leurs prix, se lassent à faire de plus longs sacrifices.

L'Angleterre nous a donné un grand exemple de ce que peut produire un plan d'études raisonné et calculé à l'avance pour l'enseignement des beaux-arts appliqués à l'industrie.

Nous entrerons dans quelques détails sur ce sujet, tout en nous défendant du reproche que l'on pourrait nous faire d'aimer d'une manière irréfléchie, à l'instar de quelques-uns de nos compatriotes, tout ce qui se fait chez le voisin.

Il ne convient d'aucune manière de blâmer comme d'applaudir de parti pris ; seulement on peut constater, ce nous semble, les résultats remarquables obtenus dans ce pays par l'*Art Departement* en même temps que le mauvais goût qui y règne encore sans partage.

Nous croyons donc qu'il n'y a aucun inconvénient à nous instruire par les efforts déployés par nos voisins, quand cela ne servirait qu'à augmenter encore plus notre supériorité artistique.

Depuis 1842 jusqu'à 1868, l'*Art Departement* a organisé en Angleterre 103 Ecoles de dessin : elles sont fréquentées par 18,646 élèves, soit environ 180 par Ecole ! Pour ne prendre qu'une ville d'une population analogue

---

(142) Voir les tableaux de coordination, établis dans la forme d'arbres généalogiques par âge et par spécialité, qui figurent dans le 2me volume de l'Enquête sur l'enseignement professionnel et qui indiquent d'une manière très-précise les plans de l'enseignement adoptés en Autriche et en Bavière.

à la nôtre : Birmingham (295,955 habitants en 1861) a 1,082 élèves (143).

South Kensington possède une Ecole normale où se forment les professeurs destinés à ces Ecoles, lesquels ne peuvent enseigner s'ils ne sont munis de certificats d'aptitude délivrés après examen. C'est dans les programmes de cet examen que l'on trouve l'esprit pratique de nos voisins et la grande part qu'ils font à l'étude de l'ornementation.

Les diplômes sont de six degrés différents : le premier constate l'aptitude au dessin et à la coloration élémentaire ; le second à la peinture, comprenant les notions des styles et celles des principes élémentaires de l'ornementation ; le troisième, à la peinture d'histoire, les notions plus fortes de style et d'ornementation ; le quatrième, au modelage de l'ornementation ; le cinquième, au modelage de la figure, et enfin le sixième, à l'art en général.

Les professeurs répandus dans les 103 Ecoles, sont ordinairement munis des diplômes 1, 2, 3 et 6.

Il serait trop long d'épuiser les détails de cette puissante organisation qui, si elle ne transforme pas le goût immédiatement, finira sans doute par porter des fruits qui se traduiront pour nous en une concurrence redoutable (144).

Loin de nous la pensée de demander des monopoles en réclamant la coordination de nos études ; on a pu voir que nous appartenons au camp de la libre initiative. Mais, pour ne tomber dans aucun extrême et n'admettant pas que l'Etat, par exemple, fît de la centralisation pour les arts du dessin comme elle existe pour l'enseignement en général, il ne faut pas, non plus, persister dans une insouciante désorganisation.

---

(143) Londres (2,803,000 habitants en 1861), compte 2,526 élèves. Voyez nos tableaux A et B, page 61 et 62.

(144) Voir dans la brochure : *Art Directory, with regulations for promoting Instruction in art.*, London, *1869* (pages 33 à 48). National art training school.

Pourquoi avons-nous cité l'*Art Departement ?* c'est parce qu'il est à la fois d'initiative privée et en même temps, déclaré d'utilité publique par le gouvernement. C'est ainsi qu'il bénéficie en même temps des libéralités des hommes généreux et de la subvention officielle.

*_**

5° *Édifices destinés aux établissements d'art et d'industrie.*

A l'occasion de diverses solennités et marchant sur les traces de l'*Exposition rétrospective* organisée en 1855 par l'*Union centrale des beaux-arts appliqués à l'industrie*, on a fait en France des exhibitions d'objets d'art divers appartenant à des collections particulières.

Aucune tentative de ce genre n'a encore été faite dans notre ville (non pas qu'on l'ait oublié, car souvent nous en avons entendu émettre le vœu), et il est certain que notre région fournirait des objets remarquables et nombreux. Le principal, le seul obstacle est l'absence d'un local convenable ! L'exposition des Amis-des-Arts elle-même est menacée d'une suspension ou d'un aménagement difficile, si l'on entreprend un jour — que nous voudrions rapproché — la restauration de la grande salle de notre Musée (145).

Nous avons cherché une solution et nous croyons l'avoir trouvée ; elle nous paraît simple, exécutable et même elle va

---

(145) Personne n'ignore que la place manque pour les toiles que possède notre Musée, et que plusieurs amateurs qui possèdent des collections remarquables seraient disposés à en faire don à la ville s'il existait des locaux convenables où l'on pût les disposer en entier de manière à perpétuer le souvenir du donateur.

Voir ce que nous avons déjà dit dans notre biographie de la Valfenière à l'égard de la grande salle du Musée de Lyon (pages 39 et 114).

subir, sans doute, le sort de l'œuf de Christophe-Colomb : tout le monde l'aura devinée avant et en même temps que nous.

Eloigner une exposition quelconque du centre de la ville est impossible ; personne ne s'y rendrait. Occuper les salles de l'Hôtel-de-Ville, c'est déjà quelque chose : mais où accrocher des tableaux ? Elever une construction provisoire, c'est tourner la difficulté sans la résoudre, et d'ailleurs où l'établir ?

Nous proposons de couvrir la grande cour du Palais-des-Arts, au niveau de la corniche supérieure, par une toiture en grande partie vitrée.

On créerait ainsi, pour les grandes solennités, un local splendide, en rapport avec l'importance de la cité, et en même temps on satisferait à d'autres besoins de même ordre.

En effet, sur chaque acrotère du portique qui forme cloître et supporte une terrasse de cinq mètres de large on superposerait deux étages de colonnes en fonte supportant des galeries au niveau du 2me étage du palais ; au-dessus s'élèverait l'immense couverture vitrée en partie (146). On obtiendrait ainsi deux étages de portiques en sus de celui qui existe ; deux resteraient éclairés comme ils sont, et le dernier recevrait aussi une couverture vitrée.

Nous établirons, comme il suit, le développement de surface des parois utilisables dans ces galeries pour l'exposition de tableaux et gravures :

Les parois d'un grand côté de la cour ont 72 mètres ; les deux petits ont chacun 50 mètres : ensemble 172 mètres ; la longueur disponible entre fenêtres de la façade de l'Ecole des beaux-arts est de 25 mètres ; total pour la 2me galerie, éclairée au premier jour, 207 mètres. Si l'on ajoute la 1re galerie, dont le développement, déduction faite des fenêtres qu'on ne peut

---

(146) La largeur de la cour du Palais-des-Arts (40^m) étant un peu plus petite que celle de la grande nef du Palais de l'Exposition universelle de 1855 à Paris (48^m), la question de construction est résolue d'avance.

obstruer, est de 107 mètres, on arrive à 314 mètres de développement. C'est 124 mètres de plus que celui qu'occupe d'ordinaire l'exposition des Amis-des-Arts, qui est de 190 mètres.

Que l'on veuille bien se figurer l'aspect de ce vaisseau de 2,800 mètres carrés (4,000 mètres avec les galeries), à trois étages de portiques, entouré des œuvres de l'art, et dont le plain-pied serait embelli par des massifs de fleurs et des statues, et on nous accordera que cette création ferait de notre Palais des Beaux-Arts un édifice digne de sa destination (147).

Examinons les difficultés du projet.

Il y en a deux et essentielles.

1° Le chauffage pendant l'hiver, en admettant qu'une solennité quelconque eût lieu pendant cette saison, serait difficile.

2° Les jours des fenêtres du 1er étage se trouveront diminués par le plancher du portique établi au niveau du 2me étage.

L'objection du chauffage n'en est plus une pour notre époque. Deux ou quatre calorifères placés au rez-de-chaussée ne donneraient lieu qu'à une dépense de combustible de trente-cinq à quarante francs par jour (148). L'ensemble du palais se trouverait chauffé par la même occasion et ce serait un avantage précieux.

Passons à la deuxième objection : le Palais-des-Arts, an-

---

(147) La grande nef du Palais de l'Exposition universelle de 1855, a 192^m de longueur sur 48 de largeur, soit 9,216 mètres carrés. Depuis peu de temps on a couvert ainsi la cour intérieure de l'Ecole des Beaux-Arts de Paris, (17^m 50^c de large sur 47^m de longueur ; soit 822 mètres carrés).

(148) Le cube à chauffer serait d'environ 100,000 mètres cubes ; la cathédrale de Reims, qui contient 95,000 mètres cubes, et dont le chauffage a pleinement réussi, coûte, pour y maintenir constamment une température moyenne de 12°, 600 francs de chauffage par mois. Le chiffre posé de 35 fr. par jour est donc un maximum, même en tenant compte du refroidissement exceptionnel provenant de la surface vitrée.

cien monastère des dames de Saint-Pierre, est formé, comme on sait, de quatre corps de bâtiments. Du côté de l'extérieur régnait un large corridor qui prenait la moitié de l'épaisseur, et du côté de l'intérieur se trouvaient les anciennes cellules des religieuses. Dans trois ailes les murs et divisions de cellules ont été démolies, et on a ainsi obtenu du jour *des deux* côtés. Dans la quatrième, celle de la place des Terreaux, tout est resté intact et ne peut être modifié, car c'est là que se trouvent, au 1er étage, la bibliothèque et le musée archéologique.

Il est incontestable que, si l'on établit une galerie au niveau du sol du deuxième étage, malgré la grande largeur de la cour (50 mètres), la lumière qui pénètre par les fenêtres du premier sera un peu diminuée. Nous pouvons néanmoins affirmer que cette diminution sera peu sensible au levant et au nord, et nulle au couchant et au midi. Dans l'état actuel, ce n'est qu'à grands renforts de stores que l'on peut s'y défendre du jour et du soleil.

Au 2e étage, cette différence n'existe pas, d'abord parce que le dessus de la galerie sera vitré et qu'ensuite sur trois faces on n'aura pas de fenêtres, attendu que, dans cette partie, les galeries du Musée sont ou seront toutes éclairées par le haut, les fenêtres sur cour ayant été ou devant être closes.

Nous avons tenu à répondre à ces objections, afin de montrer que nous ne nous étions fait aucune illusion à cet égard.

Cette construction présentera divers avantages particuliers :

1° La communication facile et à couvert entre toutes les parties de l'édifice qui deviendraient ainsi indépendantes les unes des autres au 2e étage; dès lors il ne sera plus nécessaire de construire un escalier pour desservir la nouvelle salle du grand Musée qu'on veut établir en divisant la hauteur de la salle actuelle;

2° La conservation dans l'avenir des enduits et des pierres de taille du portique qu'on sera bientôt forcé de restaurer parce que l'humidité et les eaux en transpercent les voûtes et les murs.

Nous espérons que les généreux citoyens, qui sont les premiers intéressés à la réalisation d'un semblable projet, le mettront à l'étude en le donnant comme sujet d'un concours spécial en 1870. Nous ne doutons pas que de nombreux projets répondront à leur appel, pourvu que la récompense soit convenable, et l'on obtiendra ainsi un point de départ sérieux, soit sous le rapport de la disposition et de le construction, soit au point de vue de la dépense.

Nous ne proposons pas pour cela d'une manière absolue de faire l'exposition des Amis des Arts dans ces galeries. A notre avis il ne faut pas perdre de vue que cette exposition est aussi le *salon* et que le monde élégant en fait le prétexte de réunions où les arts passent quelquefois au second plan.

C'est un genre de spectacle qu'une salle, ou une série de salles, peuvent seules fournir.

L'exposition des Amis des Arts pourrait donc occuper soit le rez-de-chaussée de la cour, soit une ou deux ailes du palais, y compris la galerie latérale servant de dégagement et de lieu d'exposition des dessins et statues.

Nous avons dit (149) qu'un jour l'École des beaux-arts devrait être réunie au Musée d'art appliqué à l'industrie; c'est ici le cas de compléter notre pensée :

Pour que le circuit soit complet au 2e étage du Palais des Arts, il faut nécessairement que le local actuel de l'École cède sa place au Musée. Le jour de cette transformation est encore bien loin, puisqu'il faut auparavant construire quelque part un Museum d'histoire naturelle. Cependant quand on suit une de ces pensées sérieuses qui s'affirment inexorablement, il faut aller jusqu'au bout. Ou l'on veut réellement à la seconde ville de France un Musée d'art digne d'elle et susceptible d'élever

---

(149) Page 32.

encore le niveau des études et alors il faut tripler les galeries de tableaux, de dessins et d'archéologie et créer une galerie des graveurs lyonnais (150). Ou l'on se soucie peu de déchoir et de décourager complètement les artistes; on admet que, hors Paris, il n' y point de France, et alors tout est bien, et nos propositions ne sont que des songes indignes de toute attention !

Les projets que nous allons esquisser seront accueillis avec quelque surprise, nous ne nous le dissimulons pas, parce que la France centralisée n'a pas encore su se dégager de ses langes à l'égard de tout ce qui intéresse l'instruction publique.

Les Musées, les édifices universitaires de l'Allemagne, de la Belgique et même du petit Danemarck sont de véritables monuments construits tout exprès pour les collections, pour les salles d'études et pour les laboratoires, pendant que nous sommes encore réduits à de vieux bâtiments, accommodés tant bien que mal à un usage pour lequel ils n'ont pas été faits et dont on signale l'insuffisance depuis plus de trente ans !

Le jour où enfin on attribuera aux budgets de l'instruction publique de l'Etat et de la Ville les sommes qui leur sont indispensables (151), il faudra songer à un remaniement complet de

---

(150) Stuttgart, ville de 40,000 âmes, Munich, Dresde, nous donnent des exemples bons à imiter.

(151) Relevé des sommes portées normalement au budget de la ville pour les beaux-arts, pendant une période de plus de quarante ans, en laissant en dehors les travaux de construction et de réparation ; acquisitions exceptionnelles de collections, catalogues, subventions de l'Etat pour l'Ecole des Beaux-Arts, etc. :

Année 1817, 26,900 fr. ; année 1825, 32,000 fr. ; année 1829, 36,000 fr. ; année 1831, 33,200 fr. ; année 1835, 50,000 fr. ; année 1840, 58,600 fr. ; année 1848, 68,800 fr. ; année 1869, 70,600 fr.

On peut donc affirmer que depuis vingt ans ce budget est resté à peu près stationnaire et faire remarquer en outre, qu'en tenant compte de la diminution de la valeur de l'argent, qui a motivé presque le doublement des traitements, il a très-peu été augmenté depuis 40 ans.

Par contre, la Ville consacre chaque année 200,000 fr. à ses théâtres,

nos établissements intellectuels et artistiques ; alors peut-être on ne trouvera plus chimériques les projets suivants :

1º Le Palais des beaux-arts serait définitivement consacré à une seule destination : il ne renfermerait plus que les musées de peinture, de sculpture, de gravure et d'archéologie, la bibliothèque artistique et scientifique et les sociétés savantes, littéraires et artistiques (152).

Une aile nouvelle complétant le quadrilatère renfermerait les Facultés des lettres et des sciences, avec entrée spéciale sur la place du plâtre.

2º Un muséum d'histoire naturelle serait construit au Parc près des aquariums et des serres qui en sont les compléments obligés.

3º Le Palais du Commerce renfermerait le Musée purement industriel et les bibliothèques de commerce ainsi que celle de l'industrie. Il serait exclusivement le palais du commerce et de l'industrie.

4º Le lycée d'internes, transporté dans une position salubre, laisserait la place à un Lycée d'externes, au développement de la grande bibliothèque, à l'école des beaux-arts et au musée d'art appliqué à l'industrie.

Dès lors chaque division deviendrait absolue et la coordination des locaux impliquerait celle des établissements.

La foule pourrait à son aise assiéger le Palais des Arts pour y admirer les chefs-d'œuvre de l'art et y entendre la parole élevée des maîtres des lettres et des sciences.

---

lesquels, en définitive, n'intéressent pas aussi directement son industrie locale et les besoins intellectuels de la cité. Il serait facile de sortir un peu d'un côté pour fournir ce qui est indispensable de l'autre.

(152) Il vaudrait certainement mieux ne pas séparer l'Ecole des Beaux-Arts des Musées dans lesquels les professeurs doivent conduire quelquefois leurs élèves. Mais, à notre avis, dès qu'il ne s'agit plus d'objets à déplacer pour les transporter à l'Ecole, il y a moins d'inconvénient à ce que la séparation ait lieu, parce que les élèves, *occupés du matin au soir à l'Ecole*, ne vont qu'exceptionnellement dans les musées et bibliothèques.

Ceux que la nature attire plus particulièrement trouveraient au parc les séries variées des œuvres du Créateur.

C'est au Palais du Commerce et de l'industrie que s'agiteraient ces problèmes pratiques qui font ou défont les fortunes de notre siècle.

Enfin, la jeunesse studieuse trouverait dans un dernier édifice, au milieu d'un calme complet et en dehors du bruit du forum municipal, les classes du lycée d'externes, les salles de cours divers, la bibliothèque publique établie dans le quadrilatère au nord de la rue Ménestrier, et enfin l'École des beaux-arts et le Musée d'art appliqué, établis, avec tous les développements qu'ils nécessitent dans le quadrilatère au sud.

Désormais l'exiguïté des locaux ne se ferait plus sentir ; chaque division serait indépendante et l'on ne verrait plus les chefs de service se jalouser dans un édifice où des établissements distincts s'enchevêtrent et se gênent réciproquement.

*
* *

6° *Société des Beaux-Arts appliqués à l'industrie.*

Il y a quelques années on nous eût dit : c'est à l'Administration de provoquer toute cette organisation, puisque nos institutions lui ont confié le contrôle de tous les établissements d'instruction publique.

Ce préjugé tend à s'évanouir, et, avec quelque raison on a compris que l'Administration avait une tâche trop lourde pour ne pas désirer d'en être exonérée. Ne comptons donc plus son initiative et encore moins sur son concours financier ; ne lui demandons qu'un appui moral lequel, certainement, elle s'empressera de nous fournir.

Il faudrait dans notre ville, parallèlement ou comme annexe

à la Société des Amis des Arts une *Union centrale* ou plutôt une *Société des beaux-arts appliqués à l'industrie*. Qui est-ce qui aura le courage et le dévouement de l'organiser ?

Ici les sociétaires paieraient de leur bourse et de leurs loisirs sans espoir de compensation matérielle : c'est l'industrie lyonnaise qui serait l'heureuse bénéficiaire de leur dévouement.

Fondée sur ce principe d'abnégation, elle ne tarderait pas à recueillir les largesses des hommes qui verraient encore là une idée utile à encourager.

Les Sociétés d'instruction primaire et d'enseignement professionnel ne vivent-elles pas de leurs propres ressources, de subventions, et des dons qu'elles ont reçus ?

Avec du courage, on pourrait doter les Ecoles de riches portefeuilles de modèles, faciliter les études aux enfants des familles peu aisées, créer des bourses permanentes à l'Ecole impériale et spéciale de Paris (153), organiser des conférences et des expositions d'art rétrospectif, faciliter le placement des élèves qui ont terminé leurs études par des sociétés de placement composées de fabricants et de personnes influentes ; enrichir notre musée d'art et d'industrie, nos collections archéologiques et nos bibliothèques des objets, des gravures et des livres qui leur manquent, tenir haut le drapeau de l'industrie lyonnaise en l'encourageant à l'intérieur par ces sacrifices et en proclamant au dehors les résultats obtenus ; mais surtout, enfin, faire cesser cet esprit intéressé, mercantile et jaloux, trop souvent appelé, par nos ennemis, l'esprit lyonnais, qui nous assimile aux petites villes, qui nous fait calculer, même en faisant le bien et dénigrer, à la légère, des hommes et des choses qui sont nôtres.

Et maintenant, à qui nous adresserons-nous ?

(153) Voyez notre note n° 103.

Nous ferons appel aux artistes et aux industriels de notre ville qui ont fait leur position et leur fortune ; nous ferons appel à la Société des Amis-des-Arts. Nous leur dirons que c'est pour eux plus qu'un devoir, *que c'est une dette* d'honneur qu'ils ont contractée envers ceux qui veulent entrer — comme ils sont entrés — dans la carrière, et qu'ils leur doivent leurs conseils, leur temps et leurs sacrifices. Enseigner aux autres ce que l'on a appris, fournir les moyens d'étude à ceux qui en ont besoin et faciliter l'entrée dans la première place — ce pas si difficile dans la vie et pourtant si décisif — voilà une belle mission pour ceux qui sont arrivés.

L'Etat, la ville, la Chambre de commerce, alors même qu'ils disposeraient de sommes illimitées, ne pourraient jamais suffire à de telles créations et ne peuvent, en outre, qu'acheter pour donner. Donnez-vous-mêmes, et ce champ fertile où vous avez fait mainte moisson donnera encore de fructueuses récoltes.

Fini d'imprimer le 20 juin 1870.

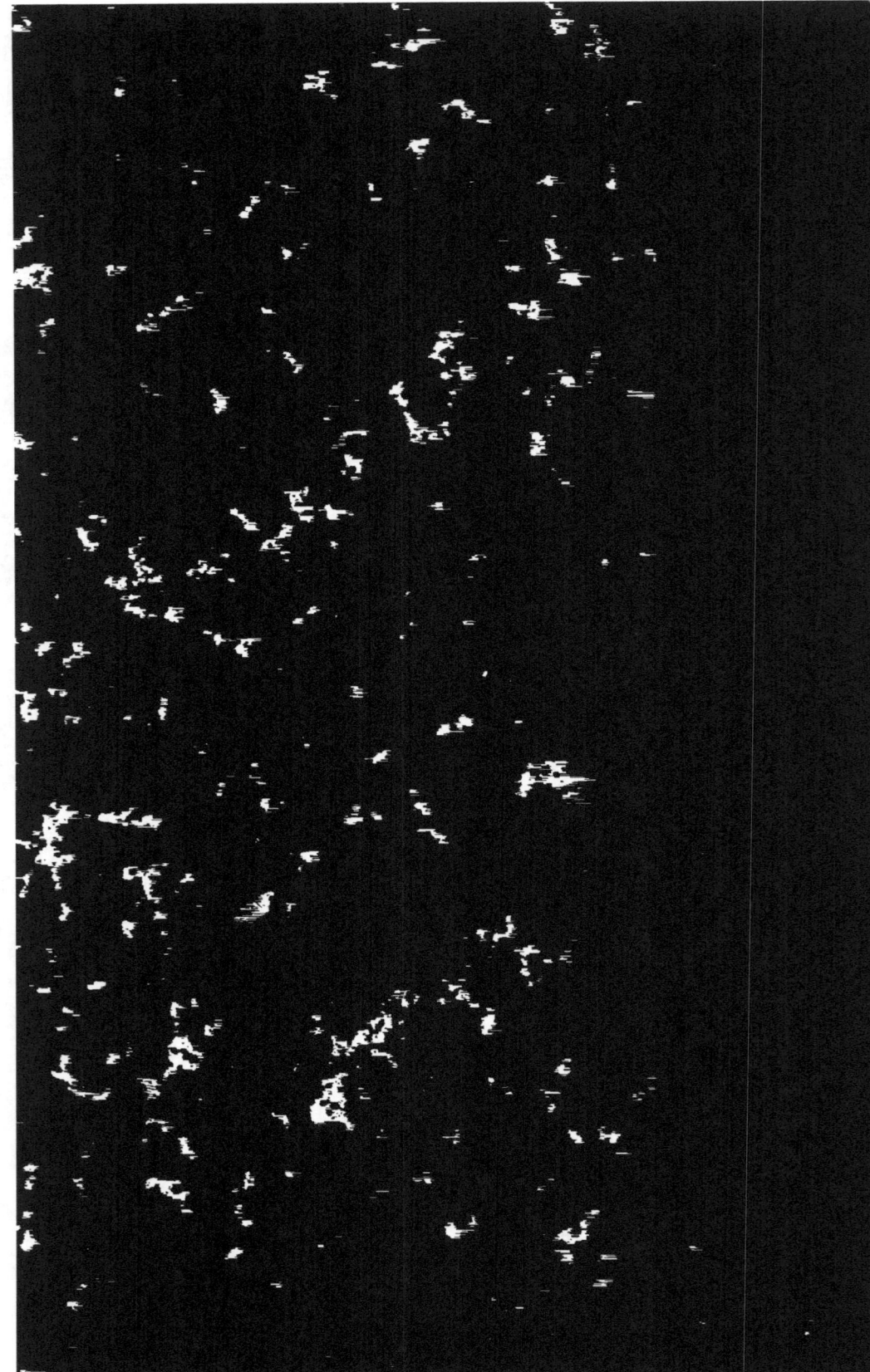

www.ingramcontent.com/pod-product-compliance
Lightning Source LLC
Chambersburg PA
CBHW070144230526
45471CB00002B/505